语言学经典文丛

汉语方言
地理学

[比利时] 贺登崧 著　石汝杰　岩田礼 译

上海教育出版社

照片 1　1942年冬，作者正出发进行庙宇调查。于西册田教会前。骡子爱称为 de Witte（阿白）。

照片2 在普济桥上。左起：作者（西册田教会第二助神父）、姚耀生（Pier Joos）神父（西册田教会主任，1910—）、王利突神父（西册田教会第一助神父，1910—1991）、葛道德神父（Michel Cattaert）（许堡教会主任神父）。

照片3 从西册田教会（地点J8）的屋顶眺望南山（参见作者日译本序）。左前方能看见大王村（N2）。

照片 4　　全校出发远足。左端是经幢。

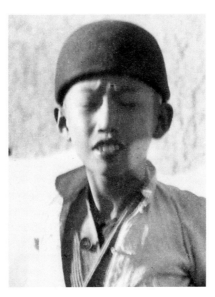

照片 5　　徐世义（参见作者日译本序）

照片 6　　经幢

照片7　　位于地点 N2 的 1341 年的墓碑。正面记载着李仲璋的业绩(参见第二章 2—2),反面记载着捐赠者名单。左侧:小学的张老师,右侧:王利突神父。站在墓碑前的是徐世义。

照片 8　　地点 J8 的浅滩。

照片 9　　架设桥板前的普济桥(参见第二章 2—2)。照片上的铁链是桥架。

照片 10　　架设后的普济桥。对岸断崖上有纪念碑。

照片 11　　作者在普济桥上。

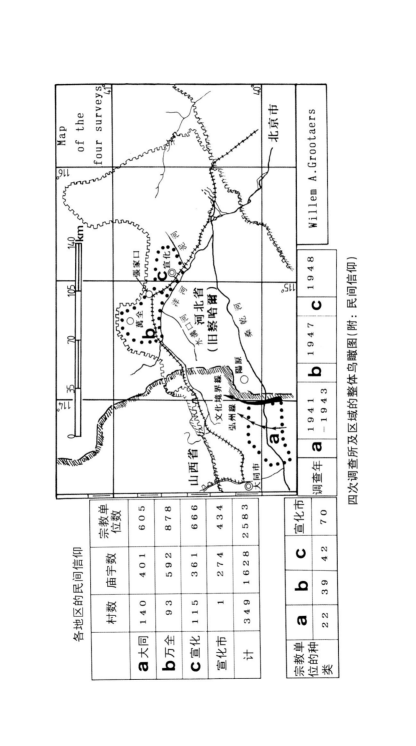

Map of the four surveys

Willem A.Grootaers

四次调查所区域及区域的整体鸟瞰图（附：民间信仰）

各地区的民间信仰

		村数	庙宇数	宗教单位数
a	大同	140	401	605
b	万全	93	592	878
c	宣化	115	361	666
	宣化市	1	274	434
	计	349	1628	2583

调查年	a 1941 -1943	b 1947	c 1948

宗教单位的种类	a	b	c	宣化市
	22	39	42	70

出 版 说 明

上海教育出版社成立六十年来,出版了许多语言学专著,受到学界的欢迎。为满足读者的需要,我们从历年出版的著作中精选了一批,辑为"语言学经典文丛"。此次出版,我们按照学术著作出版规范的国家标准,对编入文丛的著作进行了体例等方面的调整,还对个别差错予以改正。其他均保持原貌。

上海教育出版社

2018 年 8 月

作者的话

　　我在去中国前,通过读《论语》学习了七年的汉语文言。到了中国,又受了两年北京口语的训练。这本书里提到的西册田,在山西省东北部的桑干河畔,我在那里居住的时期(1941—1943年)正是在战争中。周围的农民,几乎都没有受过教育,因为那时并没有学校。但是他们都有很深厚的教养。由此,我明白了教育和教养是两回事儿。

　　那个时候,西册田农民的生活是自给自足的,只有布,是从由河北来的、带有北京口音的货郎那里购买的。村里人认为,货郎们的口音有点自大摆谱,背地里讥笑他们,把他们叫作[khua ze]"侉子"。我知道后,不愿被他们叫作"侉子",于是就尽可能努力地学习村里人的方言。

　　我把这本书献给我始终怀念着的这些晋北的农民,我对他们怀着深深的敬意,并感谢他们的帮助。正是这些人,构成了东亚文化的深厚基础。

目　　录

地 图 目 录

愿方言地理学在中国开花结果

日本东京大学名誉教授

柴田武

这本译著如果早两年出版的话,这篇序就能请作者——贺登崧神父自己来写了。遗憾的是,著者已经于 1999 年以 88 岁的高寿"被神召去"了。

从 1955 年开始,贺登崧神父致力于把方言地理学移植到日本来,我则是与此事有密切关系的人。其实,贺登崧神父早在此前就在中国播下了方言地理学的种子,这本书搜集起来的就是这些种子。

在中国播下的这些种子,可能因为处于战争中的原因,还没来得及发芽,就被埋没至今。现在,它们先被翻译成日文,又以日文本为基础出版了中文译本。我相信,这次,本书一定会惠及中国的方言学,并发芽、长叶、开花。

在日本,国立国语研究所早就出版了以词语为对象的《日本语言地图》(1974),按预定的计划,语法地图也即将完成。

方言地理学是一种语言研究的方法,先把词、语法和发音的地域差异画在地图上,并分析其分布,构拟出一个区域的语言变化过程。这一方法是 20 世纪初在法国诞生的,到 20 世纪末,在日本已经极为普及,而到 21 世纪,将在中国发扬光大。

在朝鲜和韩国,方言地理学也将会推广开来。届时,埋藏在我心里的一个期盼也可能实现了,即规划起一个包括中国、朝鲜半岛、日本列岛在内的远东(即东亚)地区的方言地理学。在欧洲已经展开了在欧盟(EU)范围内的方言地理学调查,这样的方言地图也正在逐步发表。能与此抗衡的就是远东地区的方言地图。

中国で開花する方言地理学

东京大学名誉教授

柴田　武

　この翻訳がもう2年早ければ、著者のW. A. グロータース神父自身が本書への序文を書いていただろうと思う。残念ながら、著者はすでに1999年88歳で"神に召されて"いる。

　私はグロータース神父が方言地理学を1955年以降日本に移植する時に関係した者である。実はそれよりも早く、グロータース神父によって中国に方言地理学の種が蒔かれていたのである。その種を拾い集めたのが本書である。

　中国に蒔かれた種は、戦時中ということもあって芽を出さないで埋もれたままになっていた。それがまず日本語に訳され、その日本語から中国語に訳される。その恵みの水によって中国の方言学が今度は芽を出し、葉をつけ、花を咲かせることになると信ずる。

　日本では国立国語研究所で、語彙を扱った『日本言語地図』6巻が早く(岩田按，1974年)完成し、文法地図もやがて完結する予定である。

　方言地理学は、語や文法やアクセントの地域差を地図に描いて、その分布を分析し、その地方の言語変化を再構する方法である。20世紀の初めにフランスで誕生したこの方法は、日本では20世紀の終わりまでに十分普及し、21世紀は中國の番である。

　おそらく韓国、朝鮮民主主義人民共和国にも方言地理学が上陸すると思う。そうなった時の私のひそかな期待は、中国大陸、朝鮮半島、日本列島を一括した極東地域（按,東アジア地域）の方言地理学が計画されることである。ヨーロッパではすでにEU規模の方言地理学調査が行なわれ、その方言地図も刊行中である。それに張り合う極東方言地図である。

作者日译本序

贺登崧

　　本书所收的各篇论文都是根据我在 1941 年 7 月到 1943 年 3 月间和 1948 年 7 月到 8 月间进行的方言调查写成的。

　　为了让读者能了解我为什么会到中国晋北地区工作,我要先介绍我的两段经历。

　　第一,是我的家庭环境。我的父母很有语言才能,母亲会法语、荷兰语和英语,父亲会荷兰语、法语、德语和英语,在他们的培养下,我从小会说双语(法语和荷兰语)。我 12 岁时,我父亲(Ludovic Grootaers,1885—1956)为了调查比利时北部和荷兰的方言,在鲁汶大学创立了一个研究所,不久后,我第一次看到了方言地图,那是关于"土豆"一词的地图,这张地图是根据 300 个合作者提供的资料(通过通信调查)画成的。

　　第二,是我从小怀着一个宗教上的愿望,即到海外去当个传教士,这一愿望一直没让我的父母知道,直到我高中毕业时。

　　我开始学中文是 1932 年 10 月,当时我 21 岁。当上了传教士,我去接受体检时,他们说华北干燥的气候适合我的身体状况。从那时起,我每周上两次课,学习汉语文言。当时没让我学口语,因为有个规矩:口语必须到当地生活时才学习。这一训练持续了七年(1932—1939),其中后四年是闵宣化教授(Jos Mullie,1886—1976)教的。闵教授当时任荷兰乌特列希特(Utrecht)大学的古代中国学教授,著有《汉语北方方言》(三卷)。* 这样,到 1939 年我赴中国工作时,学会了

---

* J. Mullie, C. I. C. M., *Het Chineesche Taaleigen*,北平,Vol. I,1930;II,1931;III,1933。英译本 *The Structural Principles of the Chinese Language*(1932—1937)。译者按:本书原注用星号表示,译注用数字表示。

3 000 多个汉字,也能读中国的古典作品了。

　　一到北京,我就开始学习北京口语,不久就有幸师从周殿福教授(1910—1990),学习汉语语音学和方言学(个人教授)。周教授是著名的语音学家刘复(号半农,1891—1934)的弟子。

　　接到要去内陆地区传道的命令时,我申请去大同。当时还有一个选择是去内蒙古,那里的汉族居民全都是其他地区来的移民,方言也不纯粹。我做这一决定,是考虑到大同地区土著居民多,可以接触到纯粹的地域方言。

　　1941 年 7 月我到大同市东南 50 公里处的西册(cai)田村(正文地图 2 的地点 J8)。那里说的方言和北京话完全不同,当地居民听不懂我说的北京话。我马上就开始学起当地农民的话来,深入了他们的生活。那里有一个主任神父(比利时人,1910 年生),还有一个年轻的中国神父(大同人,译者按:1991 年 11 月 10 日去世),我和他说话时一定用本地方言(参见照片 2)。我还担任了当地小学的校长。

　　这么一个小村庄里设立了一个大教会,还办了个小学,是为什么呢? 这个区域在桑干河和南部的山区之间,有 15 公里宽,山区是共产党游击队的根据地,游击队的活动频繁,所以这一地带实际上为蒙疆伪政府所放弃(参见照片 3)。当时,我们和游击队的关系很好,偷偷地把药品分给他们,他们也把从短波收听到的欧洲战况告诉我们。在大一些的村子里,伪政府命令他们开办小学并任命一个校长,所以村里人在村子里的空庙门口挂上一块学校的牌子,指定一个人当教员。结果这些学校都根本没办起来,不了了之,因为当地的村民故意不送子女去那儿上学。而当地贤达却要求由天主教会来开办小学。这个学校有三个中国教师和 100 多个学生,一半以上的学生是住校的。因为在战争中,要维持学校,只能收很高的学费,结果每个村只收一个学生,都是有钱人家的儿子。

　　这样,我有机会每天请教周围各村的农民,并把自然的语料记录下来。带学生去远足时,也能听学生们的自然对话,趁他们不注意时记录下来(照片 4)。那时发现的问题之一是:北京话"把"的作用是把宾语提到动词前,而在当地可以说"把狼来了!",放在主语前了。两年半里,我记了 43 个这样的特殊句子。分析结果参见《通报》(*T'oung*

Pao)42 卷 1—2 号上(贺登崧 1953a),我还把这些资料寄给瑞士的昂利·弗莱教授(Henri Frei),请他系统地分析"把"的用法。弗莱教授的分析结果参见论文"*The ergative construction in Chinese-Theory of Pekinese PA*[3] 把"(《汉语的施格结构——北京话"把"的研究》,[日本《言语研究》31 号(1956),32 号(1957)]。另请参见拙文《H.Frei 对'把'的分析》(1958b),此文介绍并总结了有关这一研究的过程和分析结果。

在西册田,我还有一件值得回忆的事,就是 1942 年为一个叫徐世义的学生(当时 12 岁)做了人工腭,采取了他的腭位图(照片 5)。徐世义是这个小学里最聪明的学生,他很理解我做的方言研究,同意让我做人工腭。他现在该有 70 岁了,一定还健在吧。我应日本语音学会之邀,在 1990 年的全国大会上作了特别演讲,介绍了这个腭位图(参见附录《我和实验语音学》)。

这样连续地观察方言,我发现桑干河南岸在语音、语法和词汇等方面都有显著的地域差异,特别是对于东西两部分方言的对立,有必要进一步扩大研究范围,研究历史、人文地理和民俗等各种非语言的要素。

本书第二章是根据对庙宇里碑文的调查结果所作的历史考证,结论是:桑干河南岸地区所见的方言界线是因 10—14 世纪的古老政治边界线(弘州线)而形成的。作为这种考证的前提,在对墓碑和家谱的调查中,还发现 10 世纪以来当地居民的构成成分是稳定的。第三章指出在这一东西方言的边界线上发现的有趣的语音现象,并讨论了民间语源(俗词源)的问题。

＊　　＊　　＊　　＊　　＊　　＊

战争结束前两年(1943—1945 年),我是在北京度过的。1943 年 3 月,我被日本宪兵队抓走,送进山东省潍县的集中营。后来因为罗马教会进行了斡旋,我于当年 8 月被移送到北京的一个修道院(德胜院)里软禁起来。

幸亏西册田的中国神父把我在大同收集的资料全部送到了北京。于是在这一段"空闲"时间里,我利用这些资料写了两篇论文,发表在辅仁大学的学报《华裔杂志》(*Monumenta Serica*)第 8 号(1943)和第

10 号(1945)上。这两篇文章首次把语言地理学应用于汉语研究,所以辅仁大学校长向我许诺,战争一结束,就聘我为该校的语言学教授。这一许诺于1945年秋季兑现。我在大学里教普通语言学,同时寻觅对田野调查有兴趣的学生。这个学校是德国的教会组织经营的,在人类学研究方面有很久远的传统,我的计划被接受了。于是开始了对处于两条长城中的几个县的方言和民俗两方面的调查(参见卷首的地图)。本书第一章就是这一时期写成的,发表在我父亲主编的《鲁汶论丛》(Leuvense Bijdragen)上,实际上就是上述1943年的论文的概要。

作为实习,我带了几个学生一起进行田野调查。第一次调查是于1947年7月到8月间进行的,调查了万全县(包括张家口市、万全县城和93个村庄)。这次调查的主要目的是搞清民间信仰的实况,其中一个学生李世瑜在这次调查中确定了自己的专业领域*。这次调查的结果用英文发表(1948c),拙著《中国地方城市宗教信仰的实态——宣化市宗教建筑物的全面调查》(日文译本,日本五月书房,1993)附录了此文的概要。

第二次调查于1948年7月到8月间进行,调查的区域扩大到宣化县。参加这次调查的,除了李世瑜,还有专攻语言学的学生王辅世,他根据我制作的调查表记录方言词形,其成果是他向辅仁大学提交的硕士论文《宣化方言地图》(上下册,245页,地图35幅,1950年5月。日本国立亚非语言文化研究所正式出版,1994)。1951年春,王辅世写信通知我,硕士论文已完成,我立即回信说,同意帮助出版这一论文,但是一直没有收到回信。就这样,音信不通整整30年(1951—1981)。我用王辅世的方言资料写了一篇论文,收入《赵元任教授纪念论文集》("中研院"历史语言研究所集刊29本上册,1958)。这就是本书的第四章。关于宣化县农村地区庙宇的调查,我于1951年发表了一篇详细的报告(1951a);关于城里庙宇的调查报告,是在上述拙著(贺登崧,1993a)中首次发表的。

---

* 李世瑜《现代华北秘密宗教》(载 Studia Serica,Monographs,Series B,No.4,1948,成都,有贺登崧1948年11月13日序言),1990年上海文艺出版社将其收入"民俗民间文学影印资料"(第59种)出版。

　　＊　　　　＊　　　　＊　　　　＊　　　　＊　　　　＊

　　宣化地区的调查结束回到北京不久，1948 年 10 月，共产党的军队开始进攻北京，上级教会命令在中国居留满 10 年的传教士回国。我把行李经美国寄往比利时，我自己坐螺旋桨飞机，经马尼拉、关岛、海地、洛杉矶、纽约，于 1949 年 4 月抵达安特卫普。

　　1950 年，因无法再返回中国，于是我申请派遣到日本——这个也使用汉字的国家去工作。

　　＊　　　　＊　　　　＊　　　　＊　　　　＊　　　　＊

　　把我在中国进行的方言研究的主要论文编为这本文集，是在岩田礼先生的热情劝荐下实现的。如上文所述，我的这几项研究实际上是把语言地理学的方法应用于汉语方言研究的最早尝试。此后发表了许多中国各地的方言同音字表，近一些年来《方言》杂志也发表了同类的报告。关于大同方言的研究，有马文忠、梁述中的《大同方言志》（北京，语文出版社，1986）。但是在方言地理学的领域所作的研究论文，据我所知，只有王辅世的上述《宣化方言地图》和岩田礼最近发表的一些论文。

　　说到汉语方言的研究，人们首先会想起方言研究的先驱者——瑞典的高本汉（Bernhard Karlgren，1889—1978）。高本汉在比较 33 种汉语方言（其中 24 种是他自己调查的）的基础上阐明，现代汉语的方言都可以溯源到《切韵》（公元 601 年）所代表的语言上去。他最早的研究著作是《中国音韵学研究》（*Étude sur la phonologie chinoise*，898 页，Leiden，Stockholm，Göteborg，1915—1926）。

　　这部书我很早就读到了，那是我正在学习日叶龙（Jules Gilliéron，1856—1926）创立的方言地理学（我父亲把它运用于荷兰方言）的时候（1935—1939）。但是，随着方言地理学的研究逐步深入，我发现了一个问题。也就是，正如日叶龙已证明的那样，法语方言中产生的各种语音变化和新词，难以断定它们是直接从拉丁语派生而来的。而高本汉为什么能断定汉语方言和公元 601 年的《切韵》所代表的语言有直接的派生关系呢？

　　高本汉自己一番坦诚的话，打破了这个闷葫芦。那是三位著名的中国语言学家赵元任、李方桂、罗常培翻译这部《中国音韵学研究》时的事。高本汉给译者们写了信,后来译为汉语,作为"译者提纲"录入书中。其中,他第一次说明了自己的方言调查方法。这封信从未用欧洲语言发表过*,这就让人要重新考虑其作为语言学构拟基础的资料的有效性。以下是这封信的主要部分:

> 据高氏在通信中说,字音的调查法不是叫人一个字一个字读,乃是问他什么叫什么。例如,"帆"字也许被问的人不认识它,也许把它读作别字,所以最好问他:借风力行船用布做的那个东西叫什么;如果他说是"船篷",那么再问他还叫什么,直到问出可认为"帆"字音为止。(《中国音韵学研究》中译本 18 页,商务印书馆 1940 年出版,1996 年影印再版。)

因此,高本汉的构拟当然全部都能直接和《切韵》音挂上钩了。这不是方言学,而是已为日叶龙的研究结果所全面否定的旧词源学的方法。这样,也就能理解,为什么高本汉在《中国音韵学研究》(中译本 721 页)中把大同方言的"昨"标为[tsua]了。而我在桑干河南岸地区进行了三年调查,这个说法一次也没听说过,大家总是说[iɛ ni kə]或[iər kə]。(参见第三章)

---

*　此处根据哥本哈根大学亚洲研究所(Institute of Asian Studies)易家乐教授(S. Egerod)1980 年 11 月 18 日的私人通信。

编译者前言

岩田礼

一、缘　起

　　本书是由贺登崧神父（W. A. Grootaers）在 20 世纪 40—50 年代发表的四篇论文及相关资料构成的,这些论著反映了贺先生在中国大陆时设计的方言调查计划及其具体成果。论文发表于 1945 年到 1958 年间,从调查时起算,时间已经过去了半个世纪。现在把它们介绍给日本的读者,一是因为作者是中国现代方言学初创时期的人物,对于汉语语言学的研究,其主张至今还具有积极的意义;二是因为作者对战后日本方言学的发展有很大贡献,而对于贺先生的研究工作是从对汉语方言的研究开始的这一事实,却鲜为人知。

　　作者于 1939 年赴中国,此时的中国在语言学领域的一个重要目标是,建设一个摆脱传统文献学的羁绊,以生物学和地质学为样板的历史语言学（傅斯年《历史语言研究所工作之旨趣》,1928[*]）。在这样一个时代,高本汉及其著作也是现代化的一个象征,但他受到了本书作者的激烈批评,因而作者的切入口在当时可以说是领先时代的。尽管如此（毋宁说,正因为如此）,语言地理学的理论和本书作者的主张在其后的汉语方言研究中事实上几乎没人理睬,被完全抹煞了。当然,某一种研究方法（也就是语言思想）能否被接受,与一个国家文化

---

　　[*]　傅斯年《历史语言研究所工作之旨趣》原文为:"我们高呼:一、把些传统的或自造的'仁义礼智'和其他主观,同历史学和语言学混在一气的人,绝对不是我们的同志! 二、要把历史学语言学建设得和生物学地质学等同样,乃是我们的同志! 三、我们要科学的东方学之正统在中国!"（见:傅斯年.史料论略及其他[M].沈阳:辽宁教育出版社,1997.）

传统的重心和接受外来文化的形态有关，也与政治、历史的各方面状况有关，并不是外国学者能干预的。应该指出，近一些年来，汉语方言研究有了长足的进步，对作者所提出的课题进行具体研究的客观条件正在逐步形成。作者曾指出过，"汉语方言研究中最特殊的一点就在于过分强调汉语的特殊性"（参见第一章："六、调查者"），我深信，今后的研究不可避免地要接触语言地理学的课题，这将会是对普通语言学的一大贡献。

二、本 书 的 构 成

关于构成本书的各篇论著产生的缘由及内容梗概，作者在序中作了介绍。这儿简述选用这四篇论文的理由及意义。

第一章概述汉语方言、中国文化的特点和方言调查的方法。这篇文章是在 50 年前的环境下所作的论述。收入此文并非作者本人的意图。但考虑到学生和非专业读者的需要，我们把它作为引论，置于全书之首。本章末尾附有《农村词汇调查表》，这种调查表，只有作者与农民共同生活，息息相关，才能制定出来，具有很高的资料价值。作为导论性的文章，作者关于汉语方言的处女作《在中国进行语言地理学研究的必要性（其一、方法）》（《华裔杂志》第 8 号，1943）中有更详细的论述。那篇文章里包含许多语言地理学概论书中已介绍过的内容，所以只能割爱了，但是其中有不少关于汉语的有趣的例子，我们采用注和补遗等方式，把这些内容插入本书的第一、二章。

第二章和第三章是本书的核心部分。第二章体现了作者研究的精髓，他把方言看作各种文化现象中的一部分，把语言调查和民俗的、历史的调查结合起来。其中大量的成果是当代外国学者无法取得的。所以不光是语言研究者，对相关的文化领域有兴趣的读者也可以一读。第三章考察方言边界地区发生的语音现象，比较专门，对语言变化的过程有兴趣的读者读起来会津津有味的。

第四章说宣化地区的方言，有 11 幅地图，加上简要的解释，是学习语言地理学的研究思路的优秀实例。这方面有作者的门生王辅世教授的硕士论文（参见作者序），王文对语言事实描写得相当细致，所以作者没有作更深入的探讨,但贺文有重要的理论贡献,且能与王文互补,所以还是决定把它收入本书。

作者除了为本书写了序外,还提供了一些事实片断,日译者根据自己的判断把其中的一部分插入了正文。作者写的《我和实验语音学》一文中有许多有趣的轶事,和序文相得益彰,给我们提示了作者在学问上和为人上鲜为人知的一面。蒙该文日译者佐佐木英树先生的同意,略作删改后,作为附录收入本书。

为了帮助读者了解正文,进一步加深认识,本书加了一些译注。第一、二章的译注,主要是有关中国的语言和文化的一般特征,还有有关方言研究史的;第三、四章的注则大多是吸取了战后方言研究的成果,帮助读者理解语言学上的问题。

三、标 音 方 法

词形的标记,原文只用国际音标(IPA,正文中加上"[ ]"),本书加上了汉字标记(放在" "中)。作者强调了汉字标记法的弊端,但是读者中一定有不少人熟悉汉语,所以还是附上了汉字。因为使用汉字并非著者的本意,所以请读者注意,不要为汉字的写法所迷惑。在确定汉字的写法时听取了作者的意见,同时还参考了马文忠、梁述中的《大同方言志》、谢自立的《天镇方言志》(山西高校联合出版社,1990)、温端政的《怀仁方言志》(《语文研究》编辑部,1983)、杨增武的《山阴方言志》(山西高校联合出版社,1990)等著作。汉字是根据语音和意义的对应关系确定的,无法确定的语素(即字源不明的)用方框("□")表示。

关于国际音标,请参照本节后附的"发音与标记法(大同方言的语音特征)"。原文中,普通话的读音用威妥玛式表示,现在改用汉语拼音标记。

四、方 言 地 图

方言地图的地点编号,原文采用全国统一的方式,如地图 1 所示。

为了阅读的方便,本书改为所调查地域独用的地点编号。这是作者本人的提议,编号的改换也是作者亲自做的,他还为本书重新绘制了地图。本书使用的地图都是作者本人提供的(地图1除外)。

　　附记:关于作者所作的民俗学调查,请参考《中国地方城市宗教信仰的实态——宣化市宗教建筑物的全面调查》(寺出道雄日译本,五月书房,1993)。

附　　录
发音与标记法(大同方言的语音特征)

　　关于本书中大同方言的语音及其标记法,这里采用和普通话对照的形式来表示。原文的语音符号基本上使用国际音标,但也有几处特殊的用法,我们按照中国方言学界的习惯作了些改动,但注意尽量保留调查时的原貌。在制作本表及其说明时,引用了 Paul Serruys(司礼义)神父的 *"Les cérémonies du marriage,Usages populaires et textes dialectaux du sud-est de la préfecture de Ta-t'oung* (Chansi)"《大同东南部的婚礼——民间习俗和方言语料》(*Folklore Studies*《民俗研究》,3,75—78 页)的一部分记述,并参考了马文忠、梁述中的《大同方言志》(语文出版社,1986)。前者的研究区域与本书相同,后者主要以大同市区方言为对象,其语言特征与本书所研究的地域(桑干河南岸)的西部方言接近。

　　关于宣化方言的语音,第四章的原文有简单的介绍,和大同方言音系大致相同,这里我们只指出有差异的特点。

　　作者在记录方言时采用了"印象标记法"(参见第一章:"八、调查表和调查法",和第 63 页的第三章作者注),对于精通汉语音韵学的读者来说,可能会感到声调的记录法缺少一贯性。但是要认识到,这样原封不动地记录事实,常常会导致一些新的发现,相反,如果透过调查者的有色眼镜(即采用所谓的"标准标音法")来记录的话,有可能发生掩盖某些事实的危险。

（1）声母

普通话	大同、宣化方言

b p m f　　　　　　　[p]　[px]　[m]　[f]　[v]

d t n l　　　　　　　[t]　[tx]　[n]　　　　　[l]

g k h　　　　　　　　[k]　[kx]　[ŋ]　　　　　[x]

z c s　　　　　　　　[ts]　[tsx]　　　　　　　[s]

zh ch sh r　　　　　[tʂ]　[tʂx]　　　　　　　[ʂ][ʐ]

j q x　　　　　　　　[tɕ]　[tɕç]　　　　　　　[ç]

［注］

① 用[x]和[ç]表示送气。在[i][y]前用[ç]，其他情况用[x]。

② [v]（弱的唇齿擦音）是普通话里没有的（北京话有），出现在韵母表中介音[u]的位置上。

③ [ŋ]是普通话没有的声母，和普通话的零声母对应。使用这个声母的区域分布在大同地区东部到宣化地区西北部（见第二章1—2节，8号同言线及"补遗1"，第四章第2节）。

④ [ts]在名词后缀"子"中发得像[zə]的擦音，宣化方言中有读为齿间音[ðə]的倾向。

⑤ [tʂ]组和[tɕ]组声母，原文的标记法有不一致之处，我们作了统一。[tʂ]组的出现条件参见第一章第1节，第四章。

（2）韵母

普通话	大同、宣化方言

　　i　u　ü　　　　　　　　[i]　　[u]　　[y]

a　ia　ua　　　　　　　　[a]　[ia]　[ua]　[ya]

e　ie　uo　üe　　　　　[əœ]　[iɛ]　[uɔ]　[yɛ]

ai　　　uai　　　　　　　[e]　　　　　[ue]

ei　　　uei　　　　　　　[e]　　　　　[ue]

ao　iao　　　　　　　　[ɔ]　[iɔ]

ou　iou　　　　　　　　[əu]　[iu]

an　ian　uan　üan　　[æ]　[iɛ]　[uæ]　[yɛ]

en　in　uen　ün　　　[æ̃]　[iø]　[uõ]　[yõ]

ang　iang　uang　　　[ɑ̃]　[iɑ̃]　[uɑ̃]

eng ing ong iong   [œ̃]   [iø̃]   [uõ]   [yõ]

[注]

① 这里不包括儿化韵母(儿化元音参见第四章第 3 节),也不包括所谓的"轻声音节"。儿化时,元音有央化或低化的倾向;读轻声时,许多元音央化读成[ə]。r 韵尾原文标为[ɨ],本书改用[r]。声调为入声时,加上短元音的符号[˘]。

② 单元音[i][y]不和声母相拼时,前面会增加一个[j]。[u]和有介音[u]的韵母不和声母拼合时,前面出现一个[v]声母。在声母[ts、tsx、s]和[tʂ、tʂx、ʂ、ʐ]后,元音为[ɿ、ʅ]。

③ [ya]只出现在入声音节。[ya、yɛ]不和声母相拼时,前面增加一个[j]。

④ 普通话(北京话)里有[-n][-ŋ]韵尾的音节,在大同话里,[-n][-ŋ]几乎完全消失了,大多变为鼻化元音。[iɛ][yɛ]两个韵母中鼻音成分完全丢失,变成了口元音。高本汉记成口元音的[æ][wæ]。在《大同方言志》和田希诚《大同方言的辅音韵尾》(《山西方言研究》,1989,112—113 页)中,上表中最后三行韵母也没有鼻化音,末尾带的是擦音[ɣ]或[ɦ]。在大同和宣化,鼻音成分的有无存在方言差别:大同方言完全没有[n][ŋ]韵尾,而宣化还保存一部分[n][ŋ],但只出现在[œ̃][jø̃]韵中,有时有[œ̃ⁿ][ĩⁿ]之类的变体。鼻音成分的丢失在山西北部最为显著,这种丢失的倾向到河北省北部就略有减弱,从河北北部到北京之间逐渐出现鼻辅音尾[n]和[ŋ]。

(3) 声调

标记声调有两种方法:一是记录调值,一是光记调类。现行汉语拼音方案的标记法(ā á ǎ à)兼有两种方法的特征。本书原则上只用编号来表示调类。原文把编号放在音节前,本书改放在音节后(如[ta¹])。汉语的词以至整个句子都有轻重音(stress),其功能很重要,所谓"轻声"一般指跟在强音节后的弱音节。本书在重读音节前加上[ˈ](但第二章没有标轻重音),但弱音节(轻声音节)不标调类。没有声调编号的音节并非都一定是轻声(特别是处在词头的音节)。其原因之一是因为采用了"印象标记法",无法确定声调时不标声调。本书除了少数例外,一般不根据语音规则补上调号。

下面说一下各地声调的特征。

① 大同东部方言和宣化方言：

在大同市东南部（桑干河南岸）地区，其东部的声调有四个，宣化方言与之基本相同。

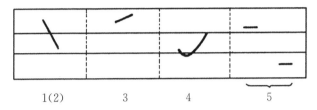

特点：

第1声：从中等高度处下降，下降过程中逐渐变弱。

第3声：短高调，单独强调发音时，略有上升，有时发成一个单纯的短高平调。

第4声：从中低开始，稍微下降，然后急剧上升。但这是单独强调发音时的情况，在语流中是单纯的上升调。

第5声：有极短的央元音。单独强调发音时，有喉塞音，但在语流中常常弱化或脱落。这一声调调值不固定，因前后声调的影响，读高调或低调。汉语音韵学把这个第5声叫作"入声"。如上文所述，入声音节用短元音符号[˘]表示。

② 大同西部方言：

大同市东南部（桑干河南岸）的西部地域，1声和2声有区别，是5个声调的体系。

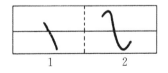

第2声起点比第1声高，但下降时不弱化（这和第1声不同），末尾比第1声低，听起来清晰有力。但是只在单发时能听得较清楚。有些词语单说时能区别1、2声，但在语流中就可能没区别了。

［注］

① 作者记录宣化方言的调值时把高低分为五个阶段：1声（2声）

[41],3声[5],4声[14]。

②　宣化方言的第3声和前后音节有关,常读成[45]或[54],较短。

③　宣化方言第5声(入声)单发时是高调。《大同方言志》入声调值记为[32]。

④　《大同方言志》所记方言是个5声调体系,1声为[31],2声为[313];《怀仁方言志》和《天镇方言志》认为1声、2声有区别(天镇为[31]∶[22]),但又说当1声的后面跟着1声、3声时,读同2声,区别就消失了。

[附记]

(1)《大同方言志》11页报告:两个第3声连用时,前一个第3声变为第2声(和北京话同),本书第三章也指出了这一事实。

(2)"外头、后头、前头"中的后缀"头"(第2声=第1声),变为第3声。关于这一点,《大同方言志》第13页有相同的记载。

此外,本书第三章2—5节还谈了名词、形容词重叠式(reduplication)的变调。

第一章　有关汉语语言地理学
研究的若干问题

一、导　言

制作语言地图的首要目的,不是在于把某个地域的语言特征做成一个清单。如果把编制一个清单作为目的的话,那么,一本方言词典更有优越性,因为它收词成千上万,由此可以更清楚地观察到这一地区的口语词汇是多么丰富。与之相比,语言地图的特点则在于,依据一份尽量简短的词的清单来搞明白很多问题。

语言地理学研究的主要特点是:

(1)慎重遴选少量语音、词汇以及语言片断(syntagm),到较多的地点进行调查,记录下其发音。

(2)每个调查项目制作成一张地图。这时,对语言资料不作任何修改,以实际记录到的形式表示出来。

(3)把词及其所指对象联系起来,也就是要研究词汇中所反映出来的物质的和精神的文化现象。

(4)对地图进行解释。对于语言学者来说,这是最重要的工作,这是要以上述三项工作为前提的。语言地图的作用是为语言(方言)间作比较、为语言演变的历史研究提供可靠的材料。由此,我们能够确定语言的和文化的地理界线,也能够进而研究语言和文化相互影响的问题。

以上所述的语言研究方法,已经在语言学的多个领域取得了划时代的成果。从地域上看,最早的尝试滥觞于 1875—1876 年间的法国、瑞士、德国。70 年后这一理论经过许多学者的努力,更为丰富了。在以下地区,这样的研究有的已经取得了成果,有的则刚开始:(一)说罗曼语的诸国;(二)说日耳曼语的诸国(斯堪的纳维亚诸国和英国除外);(三)爱沙尼亚;(四)美国的一个重要区域;(五)赤道非洲和北非洲的一些语言;(六)亚洲的部分地区。

但是,在中国,按照语言地理学的方针进行的调查尚未开始,正是这一事实使新思路难以在中国生根。其根源与其说是由于固执地信奉旧学说的人们的惰性,还不如说是因为对于中国学者来说"词"所包含的意义和欧美人所理解的大相径庭,以致新的方法难以原原本本地移植过来。只有确实进行过语言地理学研究的学者才能充分理解这一新方法的重要性,理解上文第(4)点所述方法能产生丰硕的成果。

在中国,向来重视对古代典籍的语文学研究,尤其在最近的两百多年中,这种研究的成果真是汗牛充栋。① 但是直到 20 世纪 40 年代,几乎无人知晓语言地理学这种新的研究方法,只有林语堂和刘复作过一些简单的介绍(林语堂:《研究方言应有的几个语言学观察点》,《歌谣》增刊,1923,并收入《语言学论丛》,1933。刘复:《我的求学经过及将来工作》,北京大学研究所《国学门周刊》1—4,1925,又收入《国学季刊》4—4,1934)。刘复本人于 1934 年率先进行了华北方言的调查(刘复 1934 年 6 月和白涤洲、周殿福、沈仲章一起赴山西、绥远(今内蒙古自治区的中部)的约 30 个县作面上的调查,不幸于当年 7 月病故);赵元任在历史语言研究所的支持下,编制了一份调查表(赵元任"方言调查表格",(1)例字表,1930,82 页,(2)声调,1934,9 页。在北京大学授课用的讲义),并发表了两部调查报告(《现代吴语的研究》,1928;《钟祥方言记》(湖北),1939);罗常培也发表了一部调查报告(《临川音系》(江西),1940②。但

---

① 这里指清代的朴学大师,如江永、段玉裁、戴震、王念孙等的古音(周代语音)的研究。这一时期,中国的文献语言学有了长足的进步。

② 现代中国的方言研究,以 1918 年创立的北京大学国学门歌谣征收处(1923 年改名为"歌谣研究会")为出发点(发起人是周作人、刘复等,其刊物为《歌谣》)。所谓"歌谣"是指民歌、俗谚、儿歌等民间文艺形式,当然是用方言记录的。因此,人们就认识到了方言研究的必要性,特别是有音无字的词,要记录其语音。1924 年,北京大学国学门创立了"方言研究会",发表了一些方音字母草案与方言标音实例(见《歌谣》周刊 55、66、85 号)。1927 年在广州中山大学成立了民俗学会(发起人为顾颉刚、容肇祖等,其学会刊物为《民间文艺》,后为《民俗》,《中山大学语言历史研究所周刊》第八集还出版了"方言专辑",第 85—87 期合刊,1929)。这一时期的方言研究,还没有确立科学的描写记录方法,大多只是片断的报告。中国最早的真正科学的记录是赵元任的《现代吴语的研究》(1928),有组织的集体研究则是后来"中研院"历史语言研究所进行的调查。

是刘复[①]和赵元任两位所作的研究,和高本汉的早期研究(1915)有个共同点,即他们都只是局限于记录书面文字的方言音[②]。

在对活的方言实况的理解这一点上,岑麒祥(《方言调查方法概论》,中山大学《语言文学专刊》1—1,1936)和 Franz Giet(齐德芳)(Phonetics of North-China Dialects：A Study of Their Diffusion,*Monumenta Serica* 11,1946)的研究是很重要的。岑先生发表了一个华南方言调查的详细计划,Giet 则调查了华北 3 省(河北、山东、山西)的 462 个发音人,发表了有关 12 个语音特征的方言地图。虽然 Giet 还没顾及对地图作解释,但是他的调查没有依赖于书面语言,一律(exclusively)采用了间接询问的方法,资料也是比较健全的。

可以说,这样的研究,除了上述两位学者外,在中国还没有人着手做过。但是,如果要动手做这一工作时,将面对一些中国特有的问题。这些问题跟中国的特点和汉语的性质有关,下面简单论述。

二、汉 语 的 特 点

人们老是说,汉语有多项一致的特点,受制于这样的观点,长久以来,人们没有实际地深入地观察这个语言的特点。因此也明显地妨碍了对汉语的形态、语法的研究,同时也使把地理学的方法用于汉语方言的研究滞后了,而在世界各国这一方法已被广泛接受。

汉语确实具有许多一致的特点,但那主要是就书面语而言的。至于方言,即使能说在一定程度上具有一致性,那也只限于书面语的影

---

　　① 刘复(1891—1934),字半农,文学家,参与了《新青年》杂志的创办。在英法学习了语音学,回国后在北京大学、辅仁大学任教。他的《四声实验录》(1924)是中国第一个实验语音学的研究。岑麒祥(1903—1989)在法国获得博士学位,留学时还学习了语言地理学的方法。回国后历任中山大学、北京大学的教授。《方言调查方法概论》于战后作了修订,改名为《方言调查方法》再版(文字改革出版社,1956)。

　　② "中研院"历史语言研究所进行的调查有:① 广东、广西(1928—1929);② 陕南(1933);③ 皖南(1934);④ 江西(1935);⑤ 湖南(1935);⑥ 湖北(1936);⑦ 云南(1940);⑧ 四川(1940)。参加调查的有:赵元任、丁声树、杨时逢、吴宗济、董同龢等。调查对象大多是高中生。调查项目主要是汉字的读音,也记录了一些自由会话和故事(见《湖北方言调查报告》31—38 页)。调查结果在大陆正式出版的只有一部《湖北方言调查报告》,其他地区的报告后来由杨时逢整理,在台湾出版。

响所及的范围。关于书面语对方言的影响，当是本文必须论及的问题。但是笔者对于汉语诸方言的知识还不够充分，这儿只指出这一影响的几个相当明显的表现。

a）过去中国农村极度分散，与中央政府的关系松散，时断时连，1920 年以后的 20 多年中，才逐渐地开始中央集权化。因而很有必要辨别旧有的语言层和新的覆盖层。

b）旧时的教育制度下，在农村，农闲时期（冬春季）开设私塾，背诵四书五经和一些古典名篇。现代的学校制度产生后，这样的私塾在1930 年前后几乎要灭绝了。但后来在日占区又有所恢复，它对农村语言生活的影响仍然是根深蒂固的①。另一方面，在共产党控制区域，引进了马克思主义的词语，大概也会对地方语言产生一定的影响。

除了以上两个因素，还可加上大量发行的报纸的影响。但报纸上的话题对于农村的生活还过于新颖，也许有一定的隔阂，要较深地渗入口语，是比较困难的。

更重要的因素是巡回四乡的说书人的存在，特别是农村地方戏的存在。700 多年来这些地方文艺使许多历史上的传说和文学故事在民众中流传下来②。此外，还可以加上民间宗教信仰的影响。其中，由掌礼和巫师主持的红白喜事的仪式，也会产生影响。在这种种场合中，主要使用文言或浅近的文言词汇。

即使这些因素实际上会对方言产生一定的影响，但是在中国这样广大的地域中进行较全面的调查时，重点必须放在最典型的地方语言传统的要素上，特别是放在农业方面。同时，也不能忘记考察书面语的影响，因为书面的词语也会出现在口语中。如山西省有的木匠给自己的工具取了个《水浒》人物的绰号③。

---

① 有关民国时期的语言教育与语言生活，有一些高级知识分子写的介绍文章，如赵元任的《早年自传》（传记文学出版社，1984）、《从家乡到美国》（赵元任早年回忆，学林出版社，1997）、杨步伟的《杂记赵家》（辽宁教育出版社，1998）、鲁国尧的《落英（上）——早年读书生活的回想》（日本《中国文学报》44 号，京都，1992）。

② 这儿说"过去 700 年间"，是因为《三国演义》《西游记》《水浒传》《金瓶梅》等通俗小说的原型，在宋代就以"讲故事"的形式在民间广为流传。这些故事此后不断演变，深入民间。关帝信仰也是这种流传的衍生物。

③ 此处没说明这个木匠的工具用的是什么外号。

以上考察的是书面语对口语的影响,这一问题的另一个侧面是,书面语还会对调查者、对调查方法产生影响。

a) 因为汉字是表意文字,所以要从文献来求得古代发音的原形,几乎是无望的。因而要研究古代的音韵需要一种特殊的方法。历来学者们的努力几乎都集中在这一点上。其结果是忽视了对活的语言的研究。

b) 中国具有文言的传统,在文言研究的领域中取得了非常优秀的成就。中国学者对此孜孜以求,以致被这一传统蒙住了双眼,长久以来,使他们远离了对"底层"人民语言的研究。

c) 这一文言传统是在古代经典的基础上发展延续下来的(词的用法和语法形式早在 2 000 多年前就已确定下来了)。因此,标准语不再发生自然的变化。

当然,进入 20 世纪以来,重心已逐步地向另一个标准语——北京话转移。但是学者们还没有摆脱对书面语的极度崇拜。因而在做语言调查时,就是让被调查人读字表,这样,几乎就无法了解方言的现实情况。就古代音系的构拟而言,现代的学者们都步高本汉的后尘,单纯地采用比较语言学的方法。但是,必须指出的是,这一点更导致了语言研究不平衡的发展结果。

如果说,这个国家的书面语和口语之间的距离之大是没有先例的,那么这正是地域方言得到独立发展的好条件。如果我们仔细推敲方言的词语,就一定能明白,在许多农村社会中还保存着极古老的语言形式。

三、地 方 史

通过对语言地图的解释,我们能弄清楚的是:因历史变化而形成的连续层中的新旧层次,一种变化从一个区域向另一个区域传播的形态。从这两个方面探究方言的历史时,必须具备有关地方历史的详细知识,尤其要知道古代政区界线的正确位置和移民的途径等。在这方面有几个中国固有的特殊问题。

a) 行政史
中国拥有非常丰富的行政史文献,这是其他国家所没有的。各个县都编有地方志,至迟从 16 世纪起,这些书一再地修订、重版。朱士嘉《中国地方志综录》(1935)列举了 5 832 种,根据最近的统计,美国国会图书馆(华盛顿)收藏的中国地方志有 6 000 多种①。此外,还有许多中国学者撰写的历史地理著作②。

要了解古代的行政区划的概貌,这些文献和研究著作是必不可少的,但是要正确把握这些界线的位置的话,这些文献还不能满足现代方言研究的需要。这并不是这些文献里的资料不详细,而是因为这些材料过于强调县城的情况,而对周边乡村则一笔带过。实际情况是,县城等中心地点列举了大量碑铭等资料,至于周边地区则几近于零。

在现代中国,有必要对一个地域的所有村庄里发现的金石碑铭作穷尽的调查。根据这些碑铭,能得到有关一个省、一个县及县以下的行政区划的、有正确年代(日期)的记录。在笔者所调查的长城以南地区(参见卷首地图),这些碑铭覆盖了从 15 世纪起的各个时代,还有不少可追溯到 11 世纪。如在大同地区的 140 个村庄里发现了碑铭 741 处,在万全地区的 93 个村庄里发现了 642 处。根据这些碑铭,能正确地画出古代行政区界线的地图(参见拙文 1945c,1948c)。

依据碑铭来确定行政区界线的具体例子,见第二章 2—1 节。

b)居民史

我们现在能看到的地方志,很少谈及居民的迁徙。即使提到,也是很粗略的。要依靠这样的材料来确定语言变化和居民迁徙之间的相互关系,显然是不够的。

有助于确定居民来源的资料有以下两种。

1)家谱和墓碑:这些资料并非随处可得。因战乱频繁,有的家谱被埋藏,有的被丢失,而墓碑只有富裕的人家才有。

---

① 《中国地方志综录》战后增订本收录的仅中国国内收藏的地方志就有 7 413 种。1985 年中华书局出版的《中国地方志联合目录》是以《综录》为底本增订的,收录包括国外收藏的地方志在内,共 8 264 种。据朱士嘉《国会图书馆藏中国方志目录》(1942),美国华盛顿国会图书馆收藏的地方志有 2 939 种。台湾成文出版社 1967 年的《中国方志丛书》收录 1 362种,大陆各地从 20 世纪 80 年代起开始编纂新方志,现已基本完成。

② 代表性的作品是以《汉书·地理志》为首的正史中的地理志。现代的研究成果有谭其骧主编的《中国历史地图集》(地图出版社,1982—1987),陈正祥的《中国文化地理》(三联书店,1983)也有助于了解语言及其他文化要素的关系。

2) 农村庙宇里的碑和钟上刻的捐赠者名单：各个宗族的族长都希望自己捐赠的东西能有记录，所以这样的名单是一种几乎完全地保存了当时居民构成成分的资料。另一个重要的用处是，这样的资料还可以告诉我们每个历史时期在当地有哪些比较有势力的家族。

把以上两个方面的资料结合起来，自然能明了当地居民的来源及其发展的历史。这一操作过程对于追索语言边界线是一项最重要的工作。例如：笔者在晋东北发现的语言边界线与 10 世纪划定的行政区界线相一致。调查一下居住在边界线上的各个家族的历史就可以知道，这些地方的方言传统没有因大规模的外来移民而发生断绝，现在有势力的家族中，有的从 8 世纪前就一直居住在这个地区了。这一点将在第二章 2—4 节详述。

四、国土的广袤

如上所述，在规划用现代方法调查汉语方言时，既要调查语言，也需调查行政史和居民史。但调查对象是中国这样一个辽阔的国家，要实行这样大规模的计划，需要通过许多研究者的共同努力在较远的将来才能达到目的。

说汉语的人居住的区域是一个占据北纬和东经各 25 度的近似四方形的区域，面积差不多有 480 万平方公里。与此相比，罗曼语的区域（法国、意大利、西班牙、葡萄牙、罗马尼亚以及比利时、瑞士的一部分）只有约 170 万平方公里，从日叶龙的第一次调查（1897—1901 年）起，共计划调查 9 次，其中有几次调查并未完成。

我认为，在中国，今后应当有个计划，在一定的时间内调查尽可能多的地点，以覆盖全部汉语区域。这一工作与其说是不得不做的，不如说是这样做才行。这时，应当由许多调查者共同担当调查工作，把地域划分成多个子块，每人负责一块，这比一个人在多个区域进行调查要有效得多。因为方言的地区差别太大，如果调查者不了解当地的情况，就很难开展工作。但是这么多人分散进行调查时，有必要在各个调查者之间预先统一调查的原则与方法，即有统一的基础地图，统一的农村调查方法和调查表。

在欧洲,制作方言地图时,是由一个人或遴选的成员组成的人数不多的小组使用统一的方法来进行调查的。制作中国的方言地图,差不多具有和制作整个罗曼语族的语言地图一样的规模,如果采用欧洲式的计划,是无法完成的。

五、基 础 地 图

在中国进行方言调查,基础地图必须满足一个重要的条件,即各个调查者制作的分片地图能放在一起比较,而且能拼合起来。在中国,要事先决定调查哪个村子(的方言)是不可能的,也可以说是有害的。调查地点的选择,要依靠已在该地域的中心地点进行过一部分调查的当地方言学者[①]。

这儿介绍的地图 1,只是用一种框架来表示整体的轮廓,各部分的地图不管是怎样的,都要画得和这幅基础地图一致。同时,根据这幅地图给村、镇的编号也是很简单的。不用繁琐的地名而使用地点代号,是画语言地图的一般方法。特别是汉语,对汉字的印刷、分类需要特殊的处理方法,使用地点代号是更为可取的。

给地点编号的原则是:

a) 根据纬度和经度给各地点编号,以确定其相对位置。

b) 把使用汉语的区域划分为 25 块,分别用大写字母 A 到 Z 编号(J 和 I 要混淆,所以只用 I,不用 J)。每一块的长和宽分别为纬度 5 度和经度 5 度。[在 25 块以外的地区,可采用最靠近的一块地区的字母,再加上 A、B、C 等,参见地图 1(A)。]

c) 每个大块下再划分为 25 个小块,用小写字母 a 到 z 表示(不用 j)。这个小块的宽度为经度、纬度各 1 度。每一小块与大块的大写字母组合起来表示,如:Aa、Ab、Ac 等。

d) 最后,每个小块再依次编为 1–800 号,如地图 1(B)所示。

具体的地点都用代号表示,如 Hb696。

---

① 《日本语言地图》(1966—1974)的调查地点是考虑了人口、自然环境等情况事先决定的(参见该地图集附录 A,22—23 页)。

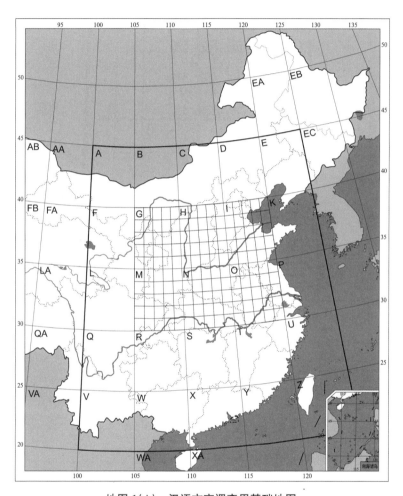

地图1(A)　汉语方言调查用基础地图

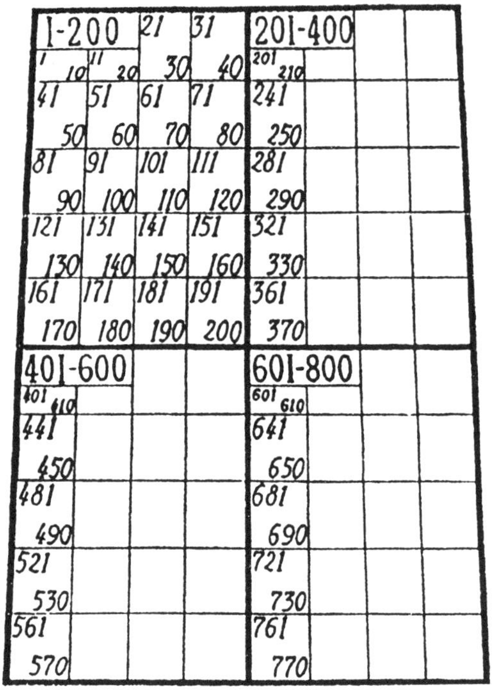

地图 1(B)　汉语方言调查用基础地图

　　这一方法的优点是纯粹在地理学的基础上确立的,其特点是不受行政区划变化的影响,而且,每个代号可大致表示地图上某个地点的位置①。

六、调 查 者

　　要进行调查,必须有语言学和语音学的知识,这不必赘述。这儿

────────────

　　① 这里提出的地点编号方式是一种客观的方法,但是也难免和实际的地图上的点有一些误差。原文在本节后一节指出中国没有高精度的地图,以致难以知道经纬度的正确位置,也讨论了作为临时措施应当制作一份调查用的基础地图——“华北方言调查基本图”,在上面标出县治所在地和重要城镇。本文略去了这一节。《中国地名录》(地图出版社,1983)标出了全国的城市和重要村镇的经纬度,但只限于《中华人民共和国地图集》(地图出版社,1979)所标的地点。另外,现在出版了较详细的各省、市的地图,我们能得知一些小村镇的位置,但是常常不标经纬线。

谈一下在中国农村进行调查的特殊情况。

在中国,说方言的人中 90％是农民,所以调查者应当熟悉农村的生活,而且有必要针对当地的情况扩大自己的知识面。在中国,从沙漠到亚热带地区,有种种不同的农业形态。只有真正贴近农村生活,切实理解农民的处境,才能获得这样的知识。因而,可以明确地说,大城市的居民和书呆子式的学者中几乎没有具备这种知识的人。

除了技术性的知识以外,还必须掌握了解农民行事规则的窍门。中国的农民在与你初交时会极为热情、恭敬,实际上戒心很重。如果你让他们明白你的调查没有政治上的背景,只是无害的闲人闲话,那么那种表面上的热情就会变为发自内心的友好。

要获得可信的回答,调查者应努力寻找能理解这一调查的真正价值的发音人。一般情况下,在农民中寻找热爱本地的生活方式、习惯、传统和语言的人,能理解调查者的目的,主动地给予帮助的人,并不是十分困难的。

田野调查中有可能请求地方政府机关给予帮助,但这常会引起一些麻烦①。这里介绍我 1947 年在万全县调查时发生的一件事。抵达万全城时,我觉得作为礼貌,应该去拜访一下县长。结果,我拜访后第二天发生了什么事呢? 县长竟派了两个士兵陪送我去乡下调查!

请想象一下,这会给农民留下什么样的印象? 于是我第三天再次去拜访县长,向他表示感谢,并宣称调查已经结束,然后一本正经地走出一个城门离去。在城墙外转了一会儿后,在城外找一个旅店住下。调查的后半部分是在那个地方完成的。我假冒了一个身份,可没有再给县长添什么麻烦。由此可知,进行调查最好要离开城市,即使要向当地行政机关致意,也要延至最后一天进行。

在小村庄住宿,调查者能直接接触现实生活,直接接触方言,这有很多好处。但是并非每个村子都会有旅馆。即使有,也是一个大统铺,全体旅客住在同一个房间里。调查时,不能保证发音人的个人隐私,行李物品也容易丢失,在这样的旅店里住宿不太现实。

---

① 此处所述的其实是刘复 1934 年进行调查时的例子,说明向政府机关请求帮助时,常可能反而会遭到军队的监视。作者为了让用例显得更生动,改换了角色。

在这种情况下,如果能请当地的人进行调查是最合适的。当地出身的调查者,在调查地点亲戚朋友多,还能通过复杂的中国式的社会关系,让他们安排在当地农家留宿。如果由这样的人进行工作,人们对他的工作性质也不会发生误解。

从这样的现实条件来看,在中国,理想的调查者显然首先必须是中国人,虽然并非必须真是农家子弟,至少他对农村的生活习惯具有相当的认识。另一方面,要顺利地进行调查,还需要有充分的科学训练。令人遗憾的现实是,在培养这样的专家时,主要的障碍是:受过大学教育的农家子弟几乎都迷恋于书本文献,把农村抛到了脑后。所以事情的成败系于如何使他们有正确的动机。因而有必要在各大学设立一个中心机构,进行培训,以把语言学(可能的话,还应包括民俗学和历史学)和农村的现实生活结合起来。

这样的中心机构,一方面要使调查者的调查方法得到改进,另一方面要充当中介,和中国其他区域进行的调查保持联系并进行协调。更重要的工作是,要使本国的研究不落后于国际的水平。从反面说,中国的方言研究中,最特殊的一点是:过分强调汉语的特殊性,以致在运用普遍的语言学方法方面比较落后。在中国的语言学研究中,极需要研修过罗曼语和日耳曼语课程的中国学者。

七、发 音 人①

对发音人(即被调查者)的要求是,他没有受到书本知识的影响。从知识方面看,比较合适的是 40 岁以上的农民,有丰富的农村生活经验。此外希望发音人的家族至少已在本地居住了三四代,大半辈子在本村度过,外出较少。

在中国,必须避免利用女性发音人,因而就会问不到跟女性有关的词汇(在华北主要是有关针线活和育儿的词语)。这不光是因为社会规范严格区分男女界限,还有以下原因:

---

① 本节是原文没有的,摘译自《中国的语言地理学》(第一部分)(《华裔学杂》8 卷,1943,134—135 页,138 页)。

中国许多村庄都是由单一家族的子孙构成的,如果说"姓王的是大户",那么村里姓王的居民要占80%以上。另一方面,同姓不婚,母亲一般是从外村娶来的,而女儿大多嫁到邻村去。而小孩的交际对象只是他的母亲、姑姑、奶奶。而且女性与外界的交流只限于在家门口与邻居闲谈而已。因此,在小村庄上,女性的语言和男性有明显的不同,而且性质不稳定。这样的女性语言当然会逐渐地对男性的和成年人的语言发生影响。通婚促使语言发生变化的具体例子见第二章2—3节和第3节①。

如有以下条件,也可以从学生那儿获得有关其家乡方言的预备知识:

1)选择刚离开农村,放假时常回乡的青年学生②。

2)要避免谈一切可能引出书面语的事物,避免谈可能成为学生之间日常闲谈对象的事物。

3)只限于谈在老家常用的东西以及家族团聚时会提到的亲朋好友间的关系等话题。

八、调查表和调查法

在中国这样一个广袤而复杂的国家,语言调查表要准备两种,一种是普通的,一种是地域性的。普通调查表要包含全国各地通用的项目,如状态、亲属称谓、身体部位、生老病死、家畜、住宅、车辆、工具等。最后三项要注意形状和用途的差异。地域性的调查表一定要适应当地的特点,可列举谷物、食物、树木、地名、社会生活及习惯、信仰等各种各样的话题。

提问题只采用间接询问法,不用诱导答案的提问法。最好的办法是直接给发音人看实物或图画。在中国,用书面文字来提问有很大的

---

① 作者在巴黎的讲演记录(1950b)介绍了宣化地区的实例,如第四章地图10所示,第一人称单数在这一地区有wɔ/ŋœ的对立,在地点H8(属[wɔ]区域),一个孩子用[ŋœ],因其母亲出生于地点D1(属[ŋœ]区域),而其他孩子则说[wɔ]。

② 战前,"中研院"组织的调查,调查对象大多是16—20岁的高中生。《湖北方言调查报告》(31页)说,离乡半年到一年的学生"语言意识"(language - conscious)淡薄,最容易受外地的影响,而外出两三年的学生方言反而保存得较好。

危险,所以也要讲究调查方法,如有时需要挑选文盲来进行调查。另
外,在中国,农民喜欢凑热闹,调查者进行工作时几乎无法避免围观,
这样在调查过程中,调查表也难免被发音人窥见。所以调查表不能单
用文言词或普通话词写,在每个调查项目下只用具体的说明。甚至也
可以只使用音标或外语写,以使旁观的人看了也不懂。

　　关于标音法,最近的语言地理学的调查都采用所谓“印象记音法”
(transcription impressionniste)①。也就是说不是记录“语言”(langue),
而是记录“言语”(parole),即要忠实记录在一定的时间内、一定的说话人
所发出的瞬间的、个人的语音。采用这种方法未必能完全区分并记录因
发音人的不安、调查者听觉印象的变化而产生的变形,但是能显示客观
的资料。词形可能因发音人不同而不同,也可能因上下文不同而不同。
有时即使是同一家人,因性别、年龄、职业等不同,语言也有显著的不
同。“印象记音法”的优点是,可以原封不动地记下以上种种变形以及
词在情感方面的差异。当然要确认这样的标记法是否正确,必须考虑
词形的地理分布,因为有些可疑的词形能从邻近地点的词形得到证实
(参见 J‐P. Rousselot(卢斯洛)“*Les modifications phonetiques du
langage étudiées dans le patois d'une famille de Cellefrouin*”(塞勒
夫路安村一个家庭的方言语音的个人差异))。与此相对的有一种“规
范记录法”(transcription normalisée, schématique),这是一种记录“语
言”(langue)的方法,无视个人的和地域的差异。其优点是用较清楚
的形式表示,便于全面观察资料,其缺点是无法显示言语中丰富的细
节和色彩,表示出来的有可能只是调查者自己的解释。

　　在中国,在语音学及方言调查中采用音标符号作为记音工具并没
有困难。因为刘复已推广了由巴西(Paul Passy)创造的语音符号,即
国际音标(IPA)＊。调查者在出发调查前,必须根据当地的情况,事先
增加、修改语音符号,以求正确地记录发音人的语音。

---

　　① 　本节和下一节是从贺登崧 1943(135—137 页)中摘译的。现代中国发表的方言调
查报告大多使用“标准记音法”,特在此作介绍。
　　＊ 　Paul Passy：*Petite phonétique comparée des principales langues européennes*,第 3
版,莱比锡,1922 年;刘复译:《比较语音学概要》,商务印书馆,1930。刘复发表了调查声调
用的《调查中国方音用标音符号表》(北京,1930 年,4 页)。

最后,附上我们在调查宣化方言时(参见第四章)使用的"北方方言调查表"初稿,这个表还有必要在各个不同的地区加以试用①。

附　　录
农村词汇调查表②

1　畦(黄土做成,易崩塌)

2　畦边的斜面上被雨水冲出的纹理(侵蚀出来的小沟。侵蚀严重时要用土填埋)

3　黄土山谷两面的斜面(参见第二章:2—3 次要的因素)

4　存积雨水的低洼处

5　连绵的霪雨

6　虹

7　白天存留在冰冻的河面上的融化的水

8　冻疮

9　把手伸进袖子取暖

10　把涨水后漂来的垃圾草木搜集起来

11　太阳

12　向阳处(指房子的角落等温暖处)

13　月亮(参见第三章:二、介音"y"的方言地图)

14　去年

15　昨天(参见第三章:一、"昨天"的方言地图)

16　明天

17　(小孩的)年龄

18　食物弄污衣服

19　打小孩屁股

---

① 本文的末尾论述了作者在辅仁大学设立语言地理学研究室的作用,此处删去。

② 这份调查表发表于 1950 年(1950b),许多词语与农村生活关系密切,翻译时得到作者许多指教。为了帮助理解,有的词语加上了说明,放在括号里。目前在中国使用的调查表有:调查字音用的有《方言调查字表》(中国社会科学院语言研究所,1981 年修订本,商务印书馆,参见第一章第 6 节),调查词汇(语法)用的有《方言调查词汇手册》(中国社会科学院语言研究所,1955)和《方言调查词汇表》(载《方言》杂志 1981 年第 3 期)等。

20　助产婆

21　双生子

22　最后生的儿子(或女儿)

23　同一胎生的小狗中最弱小的一只

24　父亲(面称和背称,下同,25 至 32)

25　母亲

26　父亲的哥哥及其妻子(参见第二章:1—2 同言线,同言线 6)

27　父亲的弟弟及其妻子(同上,同言线 10)

28　母亲的哥哥及其妻子(同上,同言线 1)

29　母亲的弟弟及其妻子(同上)

30　姐姐

31　父亲的姐姐及其丈夫

32　母亲的妹妹及其丈夫

33　我的姐夫(不在场时的称呼)

34　我不在场时姐夫对我的称呼

35　结巴,口吃

36　趿拉着鞋走路

37　擤鼻涕

38　酒窝

39　(指甲边的)倒刺儿,逆剥(参见第二章:1—2 同言线)

40　牙垢

41　耵聍(耳垢)

42　兔唇

43　鞋里进了小石子(硌 gè 脚)

44　背着手(反剪手)

45　胳肢(gézhi,挠人腋部,使发痒)

46　人的喉结

47　动物的喉结

48　打耳光(文雅的说法)

49　打耳光(粗俗的说法)

50　左撇子

51　血(注意有无[y]介音,参见第三章:介音"y"的方言地图)

52　伤口上的痂

53　伤疤

54　下巴

55　哮喘

56　哮喘最厉害的季节是什么时候?

57　牌位(参见第三章:1—2对分布较少的两个词形的解释,同言线4)

58　冰雹之神(如:真武、雹神)

59　小孩夜哭时求什么神?

60　带格子的窗户

61　屋顶用来泻雨水的瓦沟(瓦用黄土土坯制成),屋檐前的滴水檐瓦(用烧制的瓦)

62　农家的主屋及厢房(参见第二章:1—2同言线,同言线7)

63　收割时看守人用的小屋(三角形)

64　屋顶(一个斜面的,两个斜面的)

65　造房砌土砖时,使之湿润

66　农家的门厅(参见第二章:1—2同言线,同言线1)

67　打麦场

68　门板因雨淋受潮而翘棱(qiáoleng)

69　开变形(翘棱)的门时,门和门坎有摩擦

70　开变形的门时把它抬起

71　炕上铺的是什么?

72　(71项中的)炕上铺的东西的尺寸

73　在门闩上加铁链(以防撬开)

74　门闩

75　窗户纸上留的猫的出入口

76　天热时,为了通风,卷起窗户纸

77　天花板上糊的纸

78　尿壶(男用,女用)

79　饺子

80　炉灶用的风箱及其拉柄

81　从缸里舀水(参见第二章：1—2同言线,同言线 3)

82　存水或食物的瓮上的盖板(同上,同言线 5)

83　锅(及其数量)

84　打嗝儿

85　三股搓成的绳子(参见第二章：1—2同言线,同言线 4)

86　(绳子的)结

87　往返地(纵向直线地)耕地

88　从边缘向中间旋转式地耕地

89　(牛拉的)犁耕不到的地角

90　收割下来的谷物的捆儿

91　草垛(包括秸秆或未脱粒的谷物)

92　捆谷物的绳索

93　凿开渠岸引水灌溉农田

94　收割完毕

95　麦子等的秸秆(作燃料用)

96　锹(是谁制作的,锹口的宽度)

97　用锹铲(用脚踩锹)

98　犁及其组成部分的名称

99　赶羊的棍子是用什么木头做的?

100　鞭子的种类(长短、用途等)

101　运土的筐

102　连枷

103　长柄叉的种类

104　木工用的墨斗线

105　细绳纤维散开的头部

106　瓶塞子(用秸秆等捻搓后做成)

107　(井上的)辘轳及其把儿(bàr)和架子

108　播种用的木制工具及其大的一端(下端开几个孔,以便种子落下)

109　煮水的壶是什么人修理的?(一般由走村串户的工匠修理)

110　筛子是什么人修理的？（同上）

111　上衣的口袋（参见第二章：1—2同言线,同言线3）

112　衣服口袋有洞而丢失东西

113　穿针

114　夏天穿的有袖上衣（参见第二章：1—2同言线,同言线2）

115　夏天穿的无袖上衣（坎肩）

116　布鞋（拼缝在脚背正中的）

117　袜子后跟的补丁

118　衣服穿旧后的褶皱

119　洗涤后缩水的衣服

120　新衣服的折痕

121　洗衣的棒槌

122　褡裢

123　马车上的座位（靠近马、最舒服的座位）

124　车辕木（参见第三章：2—3"夜眼""辕杠""蝙蝠"）

125　存膏（gào）车的油的葫芦

126　马车装货装得不平衡

127　马车上套两（三、四、五）匹马

128　离开咱们这个地区时车辙的宽度要不要变？（地区不同,车辙也有不同。要变车辙的地方,旅店里备有替换用的车轮和车轴）（参见第二章：2—2交通路线）

129　脱开马后支撑马车的架子

130　马车的行李箱（在坐台下的两侧）

131　公羊

132　母马

133　公猪

134　母猫

135　公狗和母狗

136　未阉割的公牛和阉割的公牛

137　阉割的公牛颈部垂下的肉

138　牛的乳房

139 驴肩上的黑色条纹

140 马蹄上的溃疡

141 羊背上着色的毛束（供识别用）（参见第二章：1—2 同言线，同言
线 1）

142 鸽子换毛

143 牛反刍

144 濒死的牛的抽搐

145 放牧村里共同羊群的羊倌（一般是大人和小孩各一人）

146 呼猪声

147 呼鸡声

148 耕田时使唤牛的叫声（使之左右转）

149 指挥套在马车上的马进退的叫声

150 麻雀

151 鼹鼠

152 蝼蛄

153 蜣螂（参见第四章：四、“蝴蝶”与“蜣螂”有什么共同之处?）

154 蜥蜴（参见第四章：七、新词的创制和改造：“啄木鸟”“蜥蜴”和
“蚂蚱”）

155 瓢虫

156 鸟类的嗉囊

157 萤火虫

158 蜘蛛

159 毛虫

160 喜鹊（参见第一章［补遗 2］和第四章：七、新词的创制和改造：
“啄木鸟”“蜥蜴”和“蚂蚱”）

161 蚯蚓

162 蟾蜍,癞蛤蟆

163 蝌蚪（参见第四章：三、“蚂蚁”和名词后缀“儿”）

164 刺猬

165 树桩

166 绿色的蚂蚱（参见第四章：七、新词的创制和改造：“啄木鸟”“蜥

蝎"和"蚂蚱")

167　褐色的小蚂蚱(同上)

168　木节(木头上的节眼)

169　香烟

170　鸦片

171　土豆(是在畦背上手工种的,参见第二章:1—2 同言线)

172　高粱及其秸秆和芯(秸秆作篱笆、驴的饲料和燃料等,芯可做笛子等玩具)

173　苹果的果柄及其蒂部的凹陷处

174　苹果的核

175　艾条(驱除蚊子用)

176　预支工资

177　铁砧

178　改锥(起螺丝用)

179　皮衣是谁加工的?(一般由走村串户的工匠制作)

180　亚麻籽油饼(作牛的饲料)

181　货郎

182　货郎用的小鼓

183　用"借(来)"造句(注意介词和宾语)

184　用"借(出)"造句(注意介词和宾语)

185　为别人"借(来)"(注意介词和宾语)

186　(计量粮食的)升,一升是多少斤?

187　打水漂儿

188　翻筋斗

189　倒立(拿大顶)

190　踢毽子

191　秋千;跷跷板

192　滑冰(不用冰鞋)(参见第二章:1—2 同言线,同言线 10)

193　当然! 自然!(肯定的回答)

194　问地名(要用自然的方式得到其读音,如"你去过哪里?""你是哪里的人?")(参见第二章[补遗 2],第三章:2—4 语言特征由东向

第二章　大同市东南部方言的
方言边界线

一、对方言边界线的解释

大同地处山西省北部,其东南地区存在着一束语言的边界线。本章要讨论的是这一边界线的性质、起源、历史以及其意义所在。

在说明语言事实之前,先要介绍一下调查区域的地图。

1-1　基础地图

基础地图的编号,一般应使用能覆盖广大区域的统一编号。但这样做,地图上实际包含的地点最多只有 20 多个,要对各个词的情况进行详细的研究,这是很不够的。这时可以加上更低一级的符号(a b 等)表示,如 Hd220a 等。本文则采用了独立的代号(见地图 2)[①]。

基础地图上总共标记了 76 个村子,但语言调查主要是在桑干河南岸一个东西长 60 公里的区域里进行的。这一区域里有 40 个村子,人口约 25 000 人。其中调查了 26 个村子(占 63%)。日叶龙的《法国语言地图集》只标记了 2% 的村庄,与之相比,这一密度是非常高的。桑干河北岸的调查因故中断了,但也收集到了部分材料,必要时也一并介绍。

在语言调查的同时,还进行了历史的调查(参见 2—1)。这一调查的对象也包括了桑干河北岸,调查了基础地图上标出的 76 个村子中的 65 个(占 85%)。未调查的点是最东部的村子(D3,D4,H1,H2,

---

① 　这一段以及下面的三段是从 1946d 中(208 页)补充了一部分,并对原文作了删节补充后翻译的。

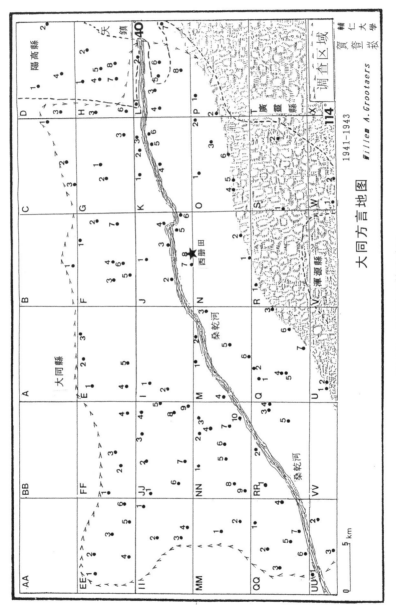

大同地区基础地图

地图 2　大同地区基础地图

H7)和南部山陵地带的村子(S1,S2,W1,W2)。

　　下面是基础地图中所标村庄的清单。加"﹡"号的是用语言调查表调查过的地点。有几个地点被道路或山谷一分为二(H7 变成 4 个村子),这些地点名称相同,只在其前加上"东、西、南、北、上、下"等,以示区别。但是相距较远的村子则分别标示,如: C2 和 C3 相距 5 里,J8 和 K5 相距 25 里。

B1	集仁		H7	柳树
C1	上马涧		I1	北石山
C2	东小村		I2	南石山
C3	西小村		J1	南水地
D1	赵家村		J2	于家寨
D2	漫流堡		J3	滩头村
D3	下马涧		J4	鹅毛
D4	第十旗		﹡J5	补村
E3	浅井		﹡J6	贵仁
E5	瓜园		J7	坨子
F1	上庄		﹡J8	西册田
F2	下庄		K1	讲理
F3	许堡		K2	蔚家小村
F4	萧家窑子头		K3	东施家会
F5	西水地		K4	兴庄
F6	东水地		K5	东册田
F7	杨老窊		K6	乱石
G1	神泉堡		﹡L3	曹家庄
G2	神泉寺		L4	梁家营
G3	庄儿窊		﹡L7	南徐
H1	火窑庄		﹡L8	敖石
H2	东井集		M1	西沙窝
H3	孙启庄		M2	东沙窝
H6	西堰头		﹡M3	秦城

*M5　徐疃	Q3　路半沟
*M6　东马庄	*Q4—5　胡家窑子头
N1　大王窑	*Q6　小王
*N2　大王	*Q7　东浮头
NN10　藤家沟	*R1　黎峪
*O1　友宰	*RR3　嗛场
*O2　龙堡村	*RR4　峰峪
*O3　坊城	*RR5　孙家港
*O4—5　团堡	*RR6　大西堡
O6　大峪口	*S1　黄土坡
*P1　榆林	S2　桃儿沟
P2　秋林	*U1—2　后子口
Q1　杨庄	W1　老册
Q2　委册	*W2　邓草

（说明：D2"堡"发音为[pu]，下同）

1-2　同言线

先明确一下要讨论的问题的范围。

我们把分隔两个词形的分布地域的界线叫作同言线（isoglosse）。如表示"伯父"（父亲的哥哥）的词形有两个："大爷"[ta iɛ]和"老爹"[lɔ tiɛ]两个，它们的分布地域之间有一条界线（见地图3）。我们还可以根据分界线的性质给它们更准确的名称，如表示某个声调不同的界线叫"同声调线"（isotones），表示某个语素形式不同的界线叫作"同语素线"（isomorphes）。为了称说方便，不管什么情况，本书都用"同言线"这一术语。

同言线有两个不同的侧面。首先，在这一线上可以观察到不同的词形之间有一种多少有点儿不稳定的平衡状态。这是因为一个词在演变时，走了不同于其他词的演变途径而产生的。这正是一个词的历史，即个体的语言史；尽管个别词的变化多少会受到其他许多词的影响，它也决不与其他任何一个词的历史完全相同。但另一方面，有时一条同言线的走向会和其他好几条同言线重合。这时应当舍弃跟单个词有关的个别问题，只讨论走向大致相仿的线形成的同言线束。在现代方言学中，所谓方言边界线，只能认为就是这种幅度相当宽的同言线束，而过去人们常想象那只是一条单纯的线。

作为本研究的基础的语言资料是通过直接调查取得的，调查对象为 12—16 岁的孩子和平均年龄为 45 岁的成年人，都是从土生土长的本地人中选出来的。每个地点调查一个小孩和一个成年人。这次是有限的调查，所以不详列发音人的名单。

下面是地图 3 中所示同言线束的详细内容。（译者补注：括号内是各个词形的汉字写法，有必要时标注词义或用法。）

同言线 1：西 txã¹ voɛ⁴ / 东 txã̃¹ tɕɕiɛ³

（堂屋/堂且：农家主屋的门厅）①

西 tɕiõ̃⁴ zə/ 东 tɕiu⁴ mə⁵（妗子/舅母）

西 mo¹ zə/ 东 muə¹ zə

（都是"毛子"：羊背上的毛束。羊在村子里成群放养，为了便于找到自己的羊，把其背上的毛分别涂上各家不同的颜色，以为标记）

同言线 2：西 pǔ⁵ sæ̃³ zə/ 东 pu¹ sæ̃³ zə

（都是"布衫子"：夏天穿的白色有袖薄上衣）

同言线 3：西 tʂxœ̃¹ ʂue³/ 东 io¹ ʂue³（盛水/舀水）

西 to¹ tsxœr³/ 东 io¹ mi¹ zə（倒衩儿/腰□子）

（上衣右襟上的内袋）

西 tsa¹ to¹/ 东 tɕɕiã̃⁵ tsxo³ to¹（铡刀/切草刀）

西 xəœ¹ tsxã̃⁵/ 东 xã̃¹ tsxã̃⁵（合叉/□叉）

（把草秸堆到车上的二齿叉子）

同言线 4：西 pǔ⁵ tɕiã̃⁴/ 东 puã̃⁵ dʐạ⁵（不将/不张）

（表不可能的动词补语，如"写～～"［不会写］、"说～～"［不会说］）

西 zᶷu⁴ lə ba/ 东 tɕiõ̃⁴ lə va（入了吧/进了吧）

---

① "堂屋"是正房中央兼门厅的屋子。《怀仁方言志》(30 页)提到了"堂屋"［tʻʌ uən］（第二音节的音与本书所记不同），说明也略有不同。

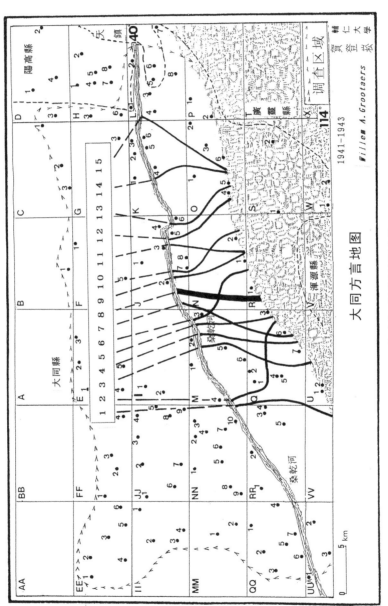

地图 3　构成"弘州线"的同言线

（对敲门声的回答）

西 z̪u⁴ tʂxœ̃/东 tɕiõ⁴ tʂxõe（入城/进城）

（指去大同,参照本章:"三、调查结果小结"）

西 ji⁵ fu⁴ i：ɛ¹ vo⁴/东 ji⁵ xa⁵ i：ɛ¹ vo⁴ （一副砚瓦/一盒砚瓦）

西 pxe³ vœr⁴/东 lyõe¹ pxe³ zə（牌位儿/灵牌子）

西 tæ̃¹ sæ̃⁴ zə/东 tæ̃¹ sǎ⁵ zə（都是"单缮子"）

（指三股搓起来的麻绳）

同言线 5：西 tɕia¹ xuõ⁵ pœr/东 tɕia¹ sə⁴ pœr（家伙板儿/家什板儿）

（客厅里的装饰架,在板上放置瓶子）

同言线 6：西 lo³ ti：ɛ⁴/东 ta⁴ iɛ¹（老爹/大爷）

（伯父,参见本章:"三、调查结果小结"）

西 lo³ mə¹/东 ta⁴ niõ⁴（老妈/大娘）（伯母）

西 z̪eu⁴ dz̪u¹/东 dz̪uõ⁴ dz̪u¹（肉猪/种猪）

（阉割的公猪）

同言线 7：西 ɕia⁴ fɑ̃¹/东 sa¹ fɑ̃¹（下房/□房）

（面对院子的两侧的厢房）

同言线 8：西 txue¹ miɛ⁴/东 thue¹ niɛ⁴zə（推面/推碾子）

（手推碾子磨粉）

西 niɛ tʂxə zə/东 niɛ z̪ə zə（黏扯子/黏□子）

（一种植物(牛膝?)的有刺的种子,会挂住衣服）

西 iɛ³ ni kə /东 iər⁴ kə(□□□/□儿□)

（昨天,参见第三章:一、"昨天"的方言地图）

西 5 个声调/东 4 个声调

在西部,有少数几个词具有独特的高低抑扬,但只有在单独发音时才听得清楚。这一差别连本地居民也完全没有意识到。因此,笔者多次遇到因此而在居民间发生的极有趣的误会。

西 n/东 ŋ(参见本章末尾的[补遗 1])

这一项指下列词的声母:（以下只是口语中使用的词,如果全部收入,这份清单肯定会更长①。）

---

① 这儿所举的词的声母与北京话的零声母对应,而北京的[n]声母字本地也大多读[n],东西之间没有差别(参见本章补遗1)。

nǎ sǎ 腌臜(肮脏)

næ̃^{4} 按(用手指压)

næ̃^{4} 暗

næ̃^{1} næ̃^{1}□□(会斗的蝗虫)

nǎ^{5} txǎ^{5}邋遢(发霉)

næ̃^{1} vœ̃^{4}安稳

næ̃^{1} tuɔ̃安顿(处置,开处方)

næ̃^{1} zə 鞍子

ne^{4} 艾

ne^{4} 爱

ne^{1} 挨/捱(表被动的介词,含有受辱等贬义)

ne^{1} dʐu^{4} 挨住(接近,挨着)

neu^{4} 沤

neu^{3} 焗(食物在锅里烧糊)

neu^{3} 偶(奇异的)

no^{3} 熬(煮)

nəœ^{1} 鹅(野鹅)

nəœ^{4} 饿

nəœ^{1} 屙(动词)

nəœr 蛾儿

nœ̃□(硌,指石子在鞋中硌痛脚的感觉)

nuɔr 袄儿

nəœ^{1} mœ̃^{3}鹅毛(村名,地点 J4)

no ʂə 敖石(村名,地点 L8)

同言线 9：西 tɕiǎ^{5} tʂeu^{1}/东 tɕiɛ^{3} tʂeu^{1}(夹粥/剪粥)

(用勺子把稠的粥块夹开)

同言线 10：西 ʂeu^{4} ʂeu^{4}/东 ta^{1} ta^{4}(叔叔/大大)

西 va^{4} zə /东 vǎ zə(都是“袜子”)

(参见第三章：2—1 地图的解释)

西 ta^{1} piø̃^{1} txu^{3} luœr^{1}/东 ta^{1} xua^{1} tsxœr^{1}(打冰土溜儿/打滑擦儿)(无冰鞋滑冰,儿童游戏)

西 tso⁴ xǔ⁵ mæ̃³/东 tso⁴ xǔ⁵(灶火门/灶火)(灶门)

西 tso⁴ xǔ⁵ ke⁴ zə/东 tso⁴ xǔ⁵ mæ̃¹(灶火盖子/灶火门)
(堵灶门的塞子)

西 tse ʂæ̃⁴ txeu tʂu⁴/ 东 tse tʂæ̃⁴ faˀ¹ tʂu⁴(在上头住/在正
房住)(指住在农家的主屋,通常在北面)

西 ʂə¹ mə tsœr³/东 ʂə¹ mə tsxœr³(蛇没辙儿/蛇没车儿)
(蜥蜴,参见第四章:新词的创制和改造:"啄木鸟""蜥蜴"
和"蚂蚱")

西 i̊⁵ mə luɔ³ zə, liæ̃³ mə luɔ³ zə/东 i̊⁵ mə le³ zə, liæ̃³ mə
le³ zə(一磨摞子,两磨摞子/一磨累子,两磨累子)
(计量时数数说)

同言线 11：西 tɕyæ̌⁵ pæ̃⁴/东 tɕiæ⁵ pæ̃⁴(都是"脚板")
(脚底,着地的部分,参见第三章:2—6 同言线 a)和
b)走向的不同)

西 yɛ⁴ liæ̃⁴/东 yæ̌⁵ liæ̃⁴(都是"月亮")
(参见第三章:二、介音"y"的方言地图)

同言线 12：西 tʂə nə/东 tə lə(着呢/的了)
(表持续的助词,参见第三章:1—3 和［iɛnikə]/
［iər(kə)]同言线一致的其他语言特征)

同言线 13：西 sæ̃¹ ia³ ia¹/东 sæ̃¹ ɕiœr¹(蟮丫丫/蟮□儿)
(蛾的幼虫,是小孩的玩物)

西 kə teu³ zə/东 kxæ̌⁵ teu³(圪蚪子/蝌蚪)
(参见第四章:"蚂蚁"和名词后缀"儿")

同言线 14：西 yæ̌⁵/东 iæ⁵(都是"药")(参见第三章:二、介音"y"的方
言地图)

同言线 15：西 vɔ³ mə/东 ŋɔ³ mə(都是"我们")
(常用作排除式(exclusive),即不包括对方。在地点 J6
和 O4—5 还有派生形式[va³ mæ̃]。参见第四章:"我"和
"我们":复数形式更古老。)

从以上合计 40 个项目中能看到同言线的分布。

另外,在桑干河南岸肯定还有更多能区分东西方言的差异。只是

因为调查中断,无法正确确定下述词形的界线。

西 liu⁴ sǽ¹ io¹/东 tɕiɛ³ sǽ¹ io¹(留山药/结山药)

　　(在畦背上手工种土豆)

西 tɕio⁴ ly pçi/东 to⁴ ly pçī(□驴皮/倒驴皮)

　　(肉刺,指甲的逆剥)

西 lǽ mu/东 xǽpxǽ¹(栏木/含盘)

　　(井底的圆木板,以防止吊桶汲水时泥沙泛起)(请注意,山脚边的村庄除了地点 Q7 外,都没有井)

西 txə⁵ tɕiɛ³fǔ⁵/东 txə⁵ ku¹ iɛ¹(他姐夫/他姑爷)

　　(对女婿的称呼,是从儿称)①

(这条资料是 Paul Serruys(司礼义)神父提供的)

顺便提一下,声母[ʂ、tʂ、ʐ、dʐ]的表现很复杂。这一带的孩子,不管是线东还是线西,十二三岁时,这些声母总是发成[s、ts、z、dz]。随着年龄的增长,孩子们慢慢地会和大人一样地发音。但是,即使是大人,东西两边也有几个词声母的读音不同,其界线在同言线 9 和 12 之间摇摆。(见地图 3)如:

西 ʂǽ⁴ sǽ¹ iᾱ¹/东 sǽ⁴ sǽ¹ iᾱ¹(都是"骟山羊")

一般来说,越往东走,成年人的语音中[ʂ]和[ʐ]就越少 *。

虽然同言线有好几条,而且互相不一致,但是我们还是要抓住方言边界线的准确性质。这儿要指出三个重要的方面:

a) 并非所有的边界线都有同样的重要度。以同言线的重要度为依据,主要的边界线依次为 8、10、4、6。这 4 条边界线在地图 4、5 中也标了出来,以便与其他现象作比较。

b) 各条同言线摆动的范围只是分别对各个词本身的历史具有意

---

　　① teknonymic 的称谓,汉语叫作"从儿称",即上一辈人站在下一代人的立场上称呼别人。日语的亲属称谓也有"从儿称",汉语的适用范围更为广泛。这时的"姐夫、姑夫",对长一辈的人来说,是"女婿",对子女辈来说是"姐夫",对孙辈来说则是"姑夫"。

　　* 在山区进行的调查很不充分,只调查了基础地图上的 4 点(S1,S2,W1,W2)。这几个村有两个重要的特征用了西部的形式。即,声母不是[ŋ]而是[n],声调有阴平和阳平的对立。词汇方面,也是西部的因素更强一些,但 S2 的东部成分占的比例比另外 3 个村子要高一些。(参见[补遗 2])

义。从本书的观点来看,整个同言线束,只形成一条方言边界线。国外的方言研究中也有完全相同的例子。我们在桑干河北岸,同言线 1以西 50 公里处的马庄(正式名称叫清水湾)调查时,更清楚地发现上述 40 条同言线形成了一个紧紧的束,它们之间有紧密的联系。因为我们根本没有发现同言线 1 和马庄之间有方言差异。不过,我们用的调查表是极为简略的,所以在这 50 公里长的区域很可能还有别的同言线通过。

　　c) 有时可以把同言线延长到桑干河的北岸。有些词的同言线,在河南岸有共同的走向,而在河北岸有时会分开而跟别的词合在一起。但总体上同言线束还继续存在,虽然有点儿向东弯曲,大致方向仍然是向北走的。

　　在讨论这条语言边界线的起源以前,首先必须了解在这个区域的语言生活中,这个同言线束的作用实际上有多重要。这个区域最东端的方言和最西端的方言之间为种种语言差异的总和所分隔开来。这些差异是无意识地、但也是忠实地一代代传承下来的。中间地带的诸种词形都保有东西两方面的因素,只是各方占的比例有多少的不同。但这只是语言学家俯瞰整个地区才会认识到的一种过渡性的东西,而对于说当地方言的人来说,这种观察角度是抽象的、不现实的。对于他们来说,每个村庄的方言都是一个有传统的整体,这一整体是由那个小规模的社会(即家庭),以及本村的共同生活所赋予的。

　　所有这些地域语言(不管是两端的词形也好,还是中间的词形也好)都是地域文化的一个重要成分,也可以进一步说是核心的成分。这些地方语言在许多重要的方面,是和其他文化成分,特别是社会生活形态和农耕生活的各项具体活动联结在一起的。

　　现在来考察一下,个人的语言意识对这种方言的地域差有怎样的反应。从来没离开过本村的村民(特别是妇女和小孩),只要听到别人说的话(词形和语音)与自己平时的用法不一样,就听不懂了。经常出去赶集或找专业匠人干活(如本地方圆 40 里中只有一个给马蹄钉掌的工匠)的成人,能听懂外村的方言,但自己不会说。这样的情况在只有一两条方言边界线分隔开的区域方言中有,在差异更明显的方言之间也同样存在。两个人说的话中有因地域差而产生的用词对立时,那往往是古代继承下来的两种形式的对立。确实,这种形式并非与其他词形毫无关系的,有时能从各个词形中看到其他词形所产生的影响的痕迹。尽管如此,两种形式仍然是可以明确区分开的,是各方言中固有的。细心的读者可能会注意到,这个推论要真的毫无异议地站住脚,必须有一个前提,即:要有一个几百年来不间断地传承下来的地方传统。关于这一点,在下文 2—4 节中再论证。

从上述情况可见,把山西省方言或"华北方言""官话"之类空洞无物的东西作为思考的对象是不科学的,因为各个地域社会有其独自的方言。村庄里日常的共同生活中,语言内部逐渐一致化,所以不必认为每个家庭间有明显差异,但至少可以说每个地点(如 J8、J3 等)分别有自己的方言。* 另一方面,某一组方言有其共同的特征,与邻近的一组方言相对立。这儿讨论的就是这样的情况。看了地图 3 就可以明白,分隔两组方言的边界所在区域的情况是多种多样的。假如一条界线只能决定一种语言现象,那么可以叫"下位界线",即重要度较低的界线。许多同言线合在一起形成一个束,那么可以叫"上位界线",即重要的语言界线。正如上文所述,既然语言是文化的一个要素,那么必须考虑到语言界线的形成与其他文化的界线(即非语言的因素)有关联。下文我们在讨论语言界线的起源和性质的同时,将继续考察这个问题。

二、对语言事实的解释

1941 年 7 月,笔者来到了桑干河南岸地区后,就注意到了东西之间的方言差异。

随着调查的深入,明确了上述方言界线的重要性以后,更觉得有必要搞清楚其起源。在中国,权力的地方分权很厉害,这种情形与德国相仿。要把在德国使用的方法用于中国,也有必要弄清有关地方史、人文地理、民俗等方面的各种事实。

---

* 在欧洲,有关于同一个家庭的成员之间也存在言语的差异的报告。参见第一章提到的 J‑P. Rousselot 的研究。

2-1　历史：弘州线

我翻遍了大同以及邻近地区的方志，可是没有获得任何有关其历史的有意义的资料。山西省史和正史中更找不到什么了。这些文献都不关心历史上行政区边界的正确位置，至多就是让我们知道行政单位变迁的大致年代。

让我们得到更有实质性的成果的，是对这一带有年代记录的碑铭的穷尽性的调查。*这些碑铭可以分为两类：墓志铭和村庙里的经幢。

寺庙里的金石是指石碑、经幢（dhvaja）、铜钟、香炉、磬等，其上的铭文大多有准确的日期和地名，铭文中都按历史时代记录当时的省名和村名。根据这些铭文的记载，我们可以判明古代行政区界线的正确位置。这条界线于 983—1368 年间把桑干河南部分为两片。西片行政上隶属于大同市（当时是辽和金的"西京"），在笔者居住地（J8）的西北 50 公里。而东部则归属于弘州（今阳原县城，即西城镇，在地点 J8 的东北偏东 35 公里）。①

能判明边界线位置的历史材料在桑干河南部特别多，几乎都是从经幢（即陀罗尼咒）的铭文中得来的（见照片 6）。

A　西部区域：西京路、大同县

辽代：地点 J8：年代 1108 年，J3：1111 年，Q6：1005 年

在 Q6 发现的经幢上没有刻写县名，但捐赠者名单上所列的相邻各村的地名都是属大同地区的。据此能间接知道 Q6 也属于大同，并能知道这个庙的影响范围（在地图 4 上用放射线表示）遍及周围邻村。这也明白地显示出，在这个地方存在东西的对立。

金代：地点 Q6：1173 年（无县名）

地点 C2［桑干河北岸］：1161—1189 年

红门寺（正式名称为"弘果寺"）遗址的础石还留存在地点 J3 和 J4 之间，此寺的墓地在地点 J1 稍东的一个叫白塔地的地方。曾立在这个墓地上的 5 根石柱已被分散，在 J3 发现 1 根、J1 有 2 根，原地还有 2

---

* 这里说的不过是在整个大同市东南地区进行的历史调查的一部分。关于在 140 个村子中的 401 座庙宇里收集到的资料，详见拙文 1945c。

① 金代大同府、弘州的大致范围见《中国历史地图集》（第 6 册）51 页。

根。上面记载的年代是：

辽代：地点 J1：1112 年

金代：地点 J1：1177 年，J3：1171 年；白塔地：1164 年和 1177 年

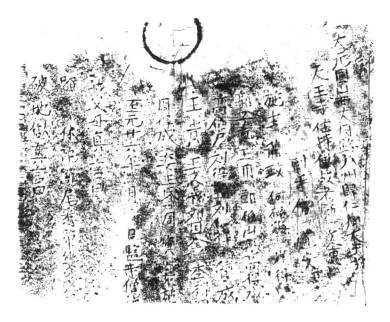

[资料]　刻在元代磬上的布施者名单（拓本）

上刻"大元国山西大同路弘州归仁（贵仁）乡大王村（N2）"，"天王寺"正副住持的名
字后列着施主的名单。日期为"至元二十六年（1289 年）　月　日"。

B　东部区域：弘州

金代：地点 J5：1125 年，K5：1202 年

元代：地点 N2：1289 年（磬），1293 年（钟），O3：1297 年（无州名），
N2：1341 年（墓碑）（参见照片 7），O1：1347 年（石碑），J5：1348 年

而在桑干河北岸地区，至今无法像南岸那样正确地判定边界线的
正确位置。当时的碑铭（地点 G1、G2、H6）几乎都漫漶不清，无法判读
了。在东北部发现了以下的关于弘州的记录。

元代：地点 马家皂：1278 年，丁安营：1292 年

明代：地点 枪架营：1512 年，马家皂：1522 年（两者都记作"洪州"）

以上 3 个村子都在属天镇县的地点 D2 东北 5 公里处。（在地图
范围以外）

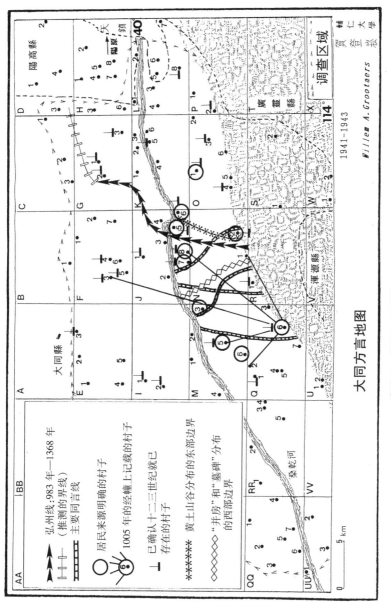

大同方言地图

地图 4　桑干河南岸的历史、人文地理

　　因而在河的北岸地区,只能在已知的两端(即 C2 和上述的三个地点)之间画一条假设的分隔大同和弘州的线;而在河南岸,界线则可以从一个村画到另一个村。

　　关于今大同县东部地区曾归属于邻县这一点,《大同县志》《大同府志》《山西通志》等地方史料中都没有记载。当然,谈到这一点的是邻县的史料。下面是《阳原县志》和《畿辅通志》中有关资料的概要。

　　阳原市及其所辖区域有史以来就属于与山西省相邻的东部行政区,这个行政区 1928 年以后叫察哈尔省,此前还有几个别称①。983 年后不久,辽代违背这一传统,把弘州(即阳原)归属于西京道,即今山西省北部。弘州升格为独立的行政府州的等级,下辖两个县,西边是永宁县(1167 年以后叫襄阴县),县治在阳原(西城),东面是顺圣县,县治在东城镇。

　　这一状况一直维持了辽、金、元三代,直到明代才恢复了旧的行政区划。1368 年弘州才重新归入东边的一个省(河北)境内*,向西边延伸的部分归还大同。因而 983 年到 1368 年的 400 年间,地图 4 中所示的弘州边界线与现代省界之间的带状地区,自然会不断地受到东边的行政、商业中心(即弘州)的影响**。上文所述的方言边界线是因不同的文化圈向西扩展的影响造成的结果。也就是说,是因为弘州城作为政治文化中心,对本是均质的地域持续地施加了异质的影响。

　　我们决定把反映这种历史状况的方言边界线叫作“弘州线”。

2-2　交通路线

　　要判明这种复杂的互相影响的全貌,光是说一个地区处于某个中心的政治影响下是不够的。这儿有必要找出这个地区的村庄为什么不得不向行政中心地点靠拢的原因。

　　这时,要区分两个不同的时代。

---

　　①　正史上记载的察哈尔(南部)地方的主要名称有(辽、金、元代见正文):上谷郡、代郡(汉、三国、晋);广宁郡(晋);高柳郡(北魏);涿郡(隋);武州、妫州、蔚州(唐、宋);宣府镇、万全卫、开平卫(明);宣化府(清)(据《察哈尔通志》卷一等)。明末以后还曾叫作“察哈尔”(插汉)。

　　*　辽、金、元 400 年间还有几次次要的变更:元代,西京路叫作“大同路”;1264 年后的几年,襄阴县成了州的中心地,失去了行政上的自治权;顺圣县合并入宣德县,并回归到东部的省份(即现在的河北省)。

　　**　关于弘州在商业上的作用,下一节有更深入的说明。

A 有好些史料能证明在 983 年到 1368 年的这一时期中,弘州在这一地区起着中心地点的作用。在弘州,1279 年正式组织了毛织品、丝织品、天鹅绒的织造,1278 年成立了玛瑙买卖的管理机构①(参见《阳原县志》卷三 3—4 页,卷十八 32 页;《元史》卷八十八、八十九,中华书局校点本 2226,2259,2263 页)。1262 年元朝政府还曾召用过弘州的绣工(参见《元史》卷五,中华书局本 83 页)②。

有关弘州和周边农村间的来往,还有更重要的事实。这就是 1278 年左右由当地人李仲璋 *(住 N2)在弘州设立了种田提举司("掌输纳麦面之事,以供内府",《元史》卷八七,中华书局本 2206 页)③。李仲璋向朝廷奏报,弘州的土地肥沃,所以在这里设置了这一机构,由他掌管,负责调查本地的人口、土质等,并确定赋役的轻重(参见照片 7)。这样,弘州成了农作物的集散地,同时肯定也把这一地方的人流、物流都吸引到弘州城来了④。

B 此后,弘州和桑干河南岸地区在行政上的联系暂时中断了,尽管如此,桑干河南岸地区的二重性,即分为受东部影响的地域和受西部影响的地域两个部分的状态并没有因此消失。事实上,我们在这儿发现了一个把人流和物流分别引向东、西两条支线的道路网(地图 5)**。就这样,这个地方分为东西两片的状态仍然持续着。

调查一下这个道路网的历史,至少可以追溯到 1500 年左右。我们会注意到,有几条道路的走向是由山的地形决定的,所以地域交通的方向性在某种程度上是在更古的时期就已经确定了。

---

① 原文"velours"(丝绒,天鹅绒),《元史》(卷八十九,中华书局本 2263 页)作"纳失失",《阳原县志》卷三记为"讷克实"。

② 另有以下记载:"先是,收天下童男童女及工匠,置局弘州。既而得西域织金绮纹工三百余户,及汴京织毛褐工三百户,皆分隶弘州,命镇海世掌焉。"(《元史》卷一百二十,"镇海列传",中华书局本 2964 页)

* 关于这个本地官僚的经历,贺登崧(1945a)有详细说明。

③ 《元史》卷八十七(中华书局本 2206 页)中提到的"弘州种田提举司"主要管理小麦等谷物。

④ 贺登崧(1945a)论文由李仲璋墓志铭的调查记录、碑文全译和李氏家谱几个部分组成。李仲璋碑全文见《山右石刻丛书》卷三十五。正文有关李仲璋的部分是参考这篇碑文加工意译而成。

** 这个地区各村之间都有可通载重车辆的道路相连接,如果盘山过多迂曲的地方,则另有可步行通过的直线近路。这是各地都相同的,所以地图 5 没画出近路的网络。

在这个地方的主要交通路线中,有山和河两大障碍。

a) 山

山麓下的村子都建在狭窄的山谷入口。如果步行的话,许多山谷可以设法穿越。但如果用驴骡运送大量物资的话,只能走以下几个山口(地图5):

① 前往广灵平原,走火石岭山口,在地点 L7 旁通过。

② 前往浑源平原,走大王(N2)和后子口(U1—2)。

③ 另外还有两个山谷:团堡(O4—5)和石门峪(N2 和 O4—5 之间),山村居民大多走这些地方。

人流、物流从山地出来,一旦进入桑干河的平原地区,常常在河南岸就停止了。如浑源煤的交易市场只存在于西部的几个村,地图 3 中的同言线 5 大致与煤炭买卖区域的东部界线相当。

b) 河

南边来的商品和人流与各地点的人、物汇合,逐渐增多,然后向着西边大同方向和东边的即当地的大集市东井集(H2)方向汇集。东井集每逢三、六、九日开市。

要渡过桑干河就要走有浅滩或桥梁的地方。常年可渡河的浅滩有两处(夏季发洪水时的几天除外):一处在西,在地点 Q1 的北边,一处在东,在地点 L4 的西北。另外有几处只限本地人使用的浅滩,其中利用最多的是地点 J8 的浅滩(见照片 8)。不管哪一处,过河都是很麻烦的事,因为河底有许多堆积的泥土,容易发生意外*。

当河水太冷,或河面还没冻结实时,行人和货物都从吊桥走。一座桥在地点 J8 的东北,另一座是在地点 K4 的西北。调查一下桥梁的历史,有助于确定这些道路是什么时候开通的。

第一座桥叫普济桥(参见照片 9,10,11)。1541 年就开始了以现行的方式经营管理。大王(N2)的有钱人提供农田,以收获的作物换

---

　* 因为有这样的浅滩,出现了一种特别的行业。如地点 Q1 的浅滩附近有一种"渡河人",他们驮着女人和胆小的旅客过河。他们穿着肥大的牛皮防水裤,人们叫他们"裤子"。在地点 J8 的浅滩和桥边也有渡河人,帮助胆小的人过河。看了本书前面的照片 9 和 10,就知道要推下车过这种桥,两边只剩下几寸宽度的边缘,确实是很玄乎的。另外,地点 K5 的北边有一艘渡船,因此过路人不必绕道走龙门桥也能过河。

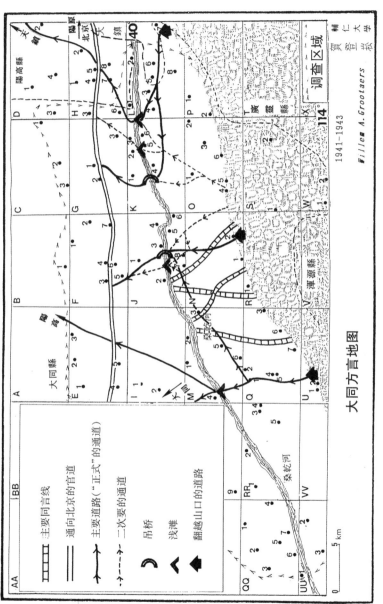

地图 5　桑干河南岸的交通路线

取修理、装卸的费用。工程由补村（J5）的老百姓承担。桥的安装于寒露（10 月 8 日左右）进行，过六个月后，于小满（5 月 21 日左右）拆除。装拆的时间是根据河水温度变化而变动的。笔者于 1942 年做的记录是：5 月 24 日拆除，10 月 10 日架起。作为历史资料，桥边竖有 21 块石碑，作为二手资料，可参考《大同县志》卷五 18 页，《山西通志》卷四十五 58 页（但有几处错误）。

　　第二座桥叫龙门桥，也是早在 16 世纪初就有的，但正确的年代不详。这座桥的安装由热心的兴庄（K4）村民和过路人的捐赠维持的。从捐款人名单来看，捐赠大多来自广灵县和蔚州（旧察哈尔省，在广灵县东）。由此可见，这座桥在四五个县的范围内起着重要的作用。因为地方上发生了纷争，1925 年以后龙门桥就无法安装了。于是南北来往都从普济桥通过了。作为史料，桥边有 6 块石碑；另外，二手的资料可见《大同县志》卷五 18 页，《大同府志》卷十二 13 页和《山西通志》卷四十五 58 页。

　　上述各处浅滩、桥梁和山口之所以重要，是因为它们在几个世纪前就一直决定着通行道路的走向。如果知道拉车的和赶车的人如何一丝不苟地沿着这些既定的路线走，那么就更能明白其重要性了。必须走确定路线的原因，第一，是因为车辙的间隔，这一地区的载货车的车轮的间距和车辙的间隔都是一致的。第二，为了让牲口老实地走路也是一个相当重要的理由。要让背负货物的驴、马（这比拉车的更多）驯顺地前行，车辙是必要的。河面结的冰坚固得可以通行时（12 月中到第二年 3 月中），人们在冰面上撒沙子，以方便通行。这样做的地方，也只限于"正式"的通道所经过的部分（如地图 5 所示）。抄连接两村之间的近路的一般只是有急事赶路的步行者。

　　总之，河的南岸地域被重要的道路以及由此通过的物资交易的潮流分隔为两部分，这一点从地图 5 可以一目了然。在西部，从浑源平原来的道路通往大同（西北）和阳高（北）。前往阳原方面，要经过这些道路从地点 E5 以东进入官道，或者经普济桥的吊桥（J8）进入官道。在东边，始于广灵平原的道路通往阳原（东北）和天镇（北）。往大同方向的道路则经龙门桥（K4）的吊桥再进入官道。而在河南岸，东西方向的来往是无足轻重的，所以仅局限于很窄的区域内。

2-3　次要的因素

行文到此,我们已经看到,因为旧行政区划的影响,我们的调查区域被一分为二,两个地区是朝着相反的方向发展的。而且,从很古的时期起,由山川、地形等自然条件所确定的交通线路(其中桥梁的历史至少可以追溯到公元 1500 年)更加剧了这种东西对立的性质。

此外,还有几个因素也对加剧东西两方的差异起着作用,虽然其历史到底有多久我们还不清楚。这种种因素,可以归结到唯一的根本原因,即土质的差异以及由此产生的两个地区居民的贫富差别。

在西部地区,山麓和河床之间有相当大的落差,因此夏季雨量集中时水流非常湍急。这一带的黄土被侵蚀,形成了很深的断层,如光是地点 J8 到 M3 之间就有 5 个冲刷出来的山谷。据我的测量,陡峭的断崖有高达 30 米的。由于是这样的地形,水完全从山谷里流失了,地势高的农田很干燥,又无法从河里或山上的水源引水。在山脚下的农田,只有少数几处可以获得间歇的水源,收成还相对好一些。在其他地方,农民辛勤耕种,也只能广种薄收而已。

与此相比,在东部地区,以地点 N2 到 J6 一线为界,地面突然下降,被侵蚀的黄土山谷也就是到这一线为止(见地图 4)。农民的收成比西部要丰厚得多,如地点 L4 那样的地势,也能引河水浇地。由此也能明白,为什么元代要选择东部地区作为进贡谷物的地点。

这一地方,许多村子中整个村都属于相同的血统,都同姓(关于这一点下一节还要详谈)。同一祖先的后代之间严禁通婚*。因此,父母大多到邻村为自己的子女找对象。这样的婚姻往来相当自由,并与朋友交际和事务往来有关。话虽然这样说,但人人都要考虑到一个情况,即在西部,妇女承担着沉重的农活负担,所以年轻围女乐意有人给她介绍东部的对象;而在东部,父母不愿意把自己的女儿嫁到西边去。人口这样不知不觉地从西向东转移,就是起因于土地的贫富差异。

另外还有一点值得注意的,就是在"回门"这一风俗上,东西部之

---

* 单说同姓不婚(见第一章 7 发音人)也不太正确。禁止通婚的只限于同一祖先的子孙。实际上因为这个地方同姓的居民都拥有共同的祖先,所以这一原则很少有例外,但如地点 RR6 的赵家和地点 Q8 的赵家祖先是不同的。

间也有区别。在东区，生活比较富裕，新婚夫妇回妻家住多少天并无限制，而且还专门给他们一个房间（叫"并房"）。而在西区，"回门"只限 3 天，而且很严格。习惯上，回门期间，新郎与岳父家的男子同睡，而新娘则与女人们一起睡。新婚第二天，就夫妇分床，也是为了使新婚夫妇不能在妻家久待，这样能减轻妻家的经济负担。这是经济状况，也就是土地的贫富差异间接产生的另一个结果。这种习惯上的差别当然也常常成了东西部的人互相嘲笑的对象。在这方面，具体情况与每个家庭的富裕程度有关，所以两种风俗习惯间的界线当然不能像语言事实的界线那样画得很清楚。尽管如此，即便是有钱人家，也难以违反当地固有的习惯。有关这一风俗的界线见地图 4①。

还可举出一个因东西贫富之差而产生的结果，虽然并不是很显眼的。如果是比较富裕的家庭里死了人，他们出得起钱给每个死者立一块墓碑。所以农家在田边的墓地里立着十五六块碑的，并不稀罕。当然，越往西走碑的数量越少。其西限与同言线 6 相仿（参见地图 4）。在这条线以西，只有地点 M5 的解家与 M6 的张家能有这样的排场。关于东部地区所见的大量墓碑，具体事实见下一节。

综上所述，东西部在物质上存在着贫富之差，这在与婚姻有关的特定习俗方面、在墓碑的数量上都有反映。这儿讨论到的几条边界线与上文所述的方言的界线和历史上的各种界线基本一致。但必须留意的是，因婚姻而从西向东的人口移动是一种不稳定的因素，也会对语言发生影响。关于这一点下文第 3 节还要讨论。

2-4 居民的来源

上文我们提到语言和政治、商业、社会现实之间有密切的联系，这令我们可以假设以下的基本事实：至少从公元 1000 年至今，存在着一个没有间断的代代相传的传统。要证明本文所作的解释是有效的，那

---

① Paul Serruys（司礼义）介绍了地点 M5 的"回门"风俗。引述当地人的话说："西面儿的人连一点儿礼俗也没有。为什么回门去不改并房？把女婿引得刚过房子睡去了，连女人面儿也见不上。""你们东面儿的人，再坏心气儿吧。把女婿捉着家子，乱七八糟的。'野狗上墙！'家被人慌，把起家冲运呢。女婿不跟女儿说话，外母娘忽哭呢。"

东部的故事最后说到东部的丈母娘（"外母娘"）有"听房"的习惯，即偷听女儿女婿的动静。在桑干河北岸，回门是当天来回的，河南岸的人叫作"走马合堂"。

么必须认定现今本地的居民和10世纪时的居民之间有一种没有中断的继承关系。如果有大规模的居民外迁或外来居民的迁入，如果有入侵者灭绝了本地的全体居民的情况，那么这种连续性就站不住脚了。不光是对于本文所论的具体问题，对于今后一切方言研究，这一点都是很重要的，有必要作透彻的探究。作为前提，先要反驳两种广泛流传的传说。

传说

第一个是，文献语言学者不作实地调查，凭臆测提出的假设。首先发表这种意见的是伯希和（P. Pelliot）（参见 P. Pelliot：“Kao-tch'ang, Qočo, Houo-tcheou et Qara-khodja”（高昌和州火州哈喇和卓考），*Journal Asiatique* XIX，1912，590 页注 1。中译文载：马承钧编译《史地丛考》，上海商务印书馆，1931）。在中亚发现的古代转写文献以中国北方方言为基础，那时舌根鼻韵尾[ŋ]已消失。伯希和对方言事实（特别是像大同那样的晋北方言，鼻韵尾完全都不发音）毫不了解，就提出[*]：

> “能不能这样考虑：在唐代，北方方言的舌根鼻音[ŋ]实际上正在逐步消失。但是辽、金跟其他非汉族的人（贺按：蒙古人在不在内呢？）侵入中国，这几个省[中国北半部]发生了纷扰，中部汉人在语言上发生一种‘重新汉化’（resinisation）的现象。于是，不但鼻韵尾消失这一变化停止了，而且这些鼻音还恢复了。但这个问题还未经充分讨论，现在只能单纯地把问题提出来。”

高本汉也引用了这一段文字（《中国音韵学研究》中译本 528 页）。伯希和在提出这一假设时还比较慎重，但高本汉没有做到这一点。高本汉纯粹用文献学的方法，构拟成一个单一的“古汉语”，即现在中国所有方言的“祖语”。并企图从历史上证明，现代各个方言是由此演化而成的。因此，他要找到这一演化的历史证据，就盲目地接受了伯希

---

[*]　1912 年以后至今（译注：指 1945 年），可以说对北京话以外的华北方言的研究一无进步。高本汉《中国音韵学研究》第三部分的《方言字典》所列的文读音绝大多数没能较正确地提供方言的实况，在这一点上可以说毫无贡献。

和的"重新汉化"的学说,也不想一下支持这一假设的根据是多么脆弱,假说的构成又是多么摇摇欲坠。但是,这一假说却传播开来了。高本汉关于现代中国方言派生自一个类似古希腊 Koine* 那样的单一方言的学说见于他的著作(见 *Philology and Ancient China*《语文学与古代中国》87 页)有贺昌群的中译本,书名为《中国语言学研究》(商务印书馆,1934)。现代中国的文献语言学者也都广泛接受了这一说法①。

这种应该叫作"文献语言学传说"的东西,就华北地区重新汉化这一重大事实,至今没有提出什么历史的证据。至于中国全境内重新汉化的说法,当然更应予以驳斥。这一表述本身就象征着这一学说的愚蠢。正如下文要说的,根据史料,在大同的东南地区连一点儿重新汉化的痕迹也见不到。

第二种传说是起源自民间的,它比第一种传说更广泛、更频繁地出现在老百姓的口头上。其基本内容是:明初洪武年间(1368—1398)有许多人家离开洪洞地区迁徙到山西和河北等其他地方。洪洞是在山西省南部、汾河东岸,北纬 36 度稍北处的一个县。这一传说有两个相矛盾的系统。

A) 第一种,山西省北部和中部、旧察哈尔省、河北省的许多居民自称是洪洞出身的,还有许多人能指出原籍具体的村名。这一信息的出处是:山西省北部,根据笔者自己的发音人;山西省中部,有直江广治所列举的证据;旧察哈尔省,有传教士的记录;河北省,有 A.Thomas (真名为 Planchet)著《北京的传教团体》(*La mission de Pékin*,1923,

---

* Koine:公元前 4 世纪以后形成的古希腊共同语,以政治文化中心雅典的方言为基础。后来随着亚历山大大帝的崛起,成为地中海地区的通商用语言和官方语言,现代用来指超方言的共同语。

① 这一节根据高本汉的论文,并补充了一些字句。高本汉的观点着重说明,在古代(精确地说,是 6 世纪)汉语中,除了《切韵》代表的方言外,还存在许多别的方言。高氏采用了伯希和的"再汉化"说,是因为他构拟的《切韵》音有时无法说明古代(外族语的)转写文献中的一些现象。作者的意见与之不同,他认为各地方言分别有独自的连续发展的过程。与伯希和不同的是,高本汉知道存在着"鼻韵尾不发音"的方言,这可从他的"方言字典"看出来。关于鼻韵尾消失的倾向,以及其后的发展演变,可参见高田时雄的《敦煌资料による中国语史の研究》(敦煌资料的汉语史研究)(創文社,1988,160—172 页)。此书指出,鼻韵尾消失的现象,发生在唐末、五代的河西(敦煌一带的西北地区)的方言中,而当时的标准音(长安音)仍保存着鼻音。

巴黎)。

B) 第二种,根据皇帝的圣旨,山西南部和河南北部数县的居民被集中到洪洞,然后宣布他们的去向。移民的集团离开洪洞,前往山西、河北的许多县。这个集结地在洪洞县城附近的叫大槐树的地方。关于这一种类型的传说,直江广治也举了一些例子,特别要指出的是,在大槐树的一个庙里,贺柏寿于民国初年(1911—1916 年)竖立的石碑也记录了此事 *。

对于以上两种传说,有下述难以解释的问题。

a) 如果问农民,他们这一族的原籍是哪儿,一开口几乎都说是"洪洞"。但是我有三四次不同的体验,我向熟识的老农提出同样的问题,他们的回答就根本不一样。说法和家谱或墓志铭上所说的完全一致。居民们对这个问题的第一个反应,就是提出那个一般的传说,尤其当对方是外国人的时候。这种倾向在年轻人和警戒心强的发音人中更为强烈。因而对直江提出的资料以及他介绍的山县千树的资料,必须慎重地核对。

b) 根据地点 J8 的徐家一族人都吹嘘的传说,徐家的第一代祖先是洪洞县墙堎石村来的(下文将提到,墓碑的记载否定了这一说法)。但地点 R1 的马家说到他们祖先的原籍时,也提到了同一个村名。笔者没能调查出马家的来历,但是认为这种巧合很可疑,可能这些当地人人都说得出的地名都是从某种传说中原封不动地搬来的。

c) 王家(分为地点 N2 和 O4—5 两处)于 1850 年立的墓碑记载这一族是 1600 年左右从洪洞地方来的。这样又出现了一个新的并非明初的日期。

从这些自相矛盾、变化不一的说法来看,这种有关洪洞来源的传说显然没怎么考虑其历史真实性,而且还加以修饰并作了带有地方色彩的改编。不管如何,靠这种材料不足以证明 14 世纪末叶曾有过大规模的迁徙。

---

　*　石碑的铭文"重修古大槐树处记"见孙焕仑编的《洪洞县志》(1917)卷十六 44—46 页。"*Bulletin Catholique de Pékin*"(北京天主教杂志)1918 年号 156—158 页有此碑的照片,并登载了 Columbanus Postma O.F.M.神父的摘译。司教总代理高汉宗神父给我的信中说,此碑近年内遗失了。

除了完全口传的材料外,还应讨论一下有关明初移民的历史文献中的说法。《明史》中有关的资料有六项,直江只举了其中的两点(①和②)。其内容如下①:

① 洪武四年三月乙巳(1371 年 4 月 7 日):

乙巳,徙山后民万七千户屯北平。(卷二《太祖本纪》)(山后,指晋冀北部)

② 洪武四年六月(1371 年 7 月):

徙山后民三万五千户于内地,又徙沙漠遗民三万二千户屯田北平。(卷二《太祖本纪》)(内地,指长城内;沙漠,指长城外)

③ 洪武九年十一月戊子(1376 年 12 月 19 日):

徙山西及真定民无产者田凤阳。(卷二《太祖本纪》)(真定,今河北正定;凤阳,在安徽省北部)

④ 洪武二十一年八月癸丑(1388 年 9 月 12 日):

徙泽、潞民无业者垦河南北田,赐钞备农具。(卷三《太祖本纪》)(泽州、潞州:在晋东南)

⑤ 永乐三年九月丁巳(1405 年 10 月 17 日):

徙山西民万户实北京。(卷六《成祖本纪》)

⑥ 永乐十四年十一月戊申(1416 年 12 月 9 日):

徙山东、山西、湖广流民于保安州,赐复三年*。(卷七《成祖本纪》)(保安,今河北西北②)

此外,乔因羽编纂的《洪洞县志》(后记作于 1554 年,共八卷)中也有一处关于移民的记载:

⑦ 宣德三年(1428 年):

---

① 原作在此处引用的文字,与上文注中提到的直江论文的原文有所不同,我们根据原文作了补充修正。和直江一起进行调查的语言学家野村正良的论文"论华北山西及蒙疆的汉语方言的分布"(《东亚学士院东亚诸民族调查室报告会记录》11 号,1943)认为,除了洪洞起源说外,还应有马邑乡(现朔州市)起源说。即晋南居民来自洪洞,晋北的居民来自马邑,各有自己的移动路线。野村的观点以方言调查为基础,看来比较有说服力,但需要更详细的语言学的、民俗学的证据。

* 《山西通志》卷八十六有同样的记载,但此书把"保安"误记作"保德"(在晋东南)。陈鹤《明纪》(著于 19 世纪上半叶,共 60 卷,1871 年出版)记作"保安",但《明史》对以上移民情况只字未提。

② 保安即今河北省涿鹿县。

因饥馑,徙山西之民十万余人于南阳。(卷八,52 页)(南阳,在今河南省西南)

直江把文献记载和民间传说的资料结合起来,提出一个结论,说在晋北至少有三个方面的移民,其中一股是从洪洞来的。实际上,这是直江以不充分的资料来讨论过大的课题而犯的错误*。而且他还接受了中国农村经济研究所山县千树的基本上无根据的结论。山县说,华北的村庄绝大部分是近代,即明初(1400 年)以来形成的,历史更古老的村庄可能只占十分之一或二十分之一。

实际上现在对地域上的历史研究并不多,要提出如此普遍的结论为时尚早。看了地图 4,就能明白这一点,在大同东南部,我们对 65 个村子进行了历史研究,其中有 27 个(即 41.5％)是 12—13 世纪就已存在了。至于另外 38 个村子,也没有任何线索能证明它们形成于更晚的时代,只是已没有历史资料了**。

其实,更接近事实的是王崇武的论文《明代户口消长》(《燕京学报》20 卷,1936 年 12 月)及文末所附的王氏作成的年表。这一研究以《明实录》中大量的资料为基础,从中得到的整体印象是,元末明初的混乱时期,横驱全国的军队一到,各地人民就向山中或边境地区逃亡。明朝初期皇帝们采取的政策是:免除几年赋税,帮助重新定居,促使逃亡者回乡。上述历史文献要和有关当时中华帝国其他各省的文献结合起来,才能发挥其真正的价值。而有关那个著名的洪洞集结以及随后发生的移民,没有一份文献中能发现一点儿痕迹。

总结本文的初步研究结论,就是王崇武所引用的明成祖说的话:"人情怀土,岂乐于迁徙?"传统上农民对土地十分执著,考虑到这一点,毫无证据地说有过大规模移民,是难以置信的。在中国,因天灾人祸而逃难出去的居民是会重返家园的。

归根到底,对于洪洞来源的传说,还是无法作出充分的说明。上

---

* 参见"山西の民俗"(《地理学》第 10 卷第 10 号,1942 年,39—41 页;增补后收入直江广治《中国の民俗学》,岩崎美术社,1967 年)。在此感谢为我翻译此文的 Jacob M. Gruintges,S.V.D.神父。

** 再举一个很明确的例子。地点 O2 从古就有个庙宇,1492 年进行了修复。尽管没有留下更古老的碑文,但显然这个村的建立要稍早于 1400 年。

面举出的各种材料自相矛盾,现在所提出的一些解释也是与事实相反,缺乏历史的真实感的。

史实(家谱、墓碑、碑铭)

与之相反,要搞清桑干河南部居民的来源,可以举出更扎实的依据。我们调查了几百个庙宇,读了其中的碑铭,每一块都毫无例外地记载着捐赠者的名单,由此得到的显著印象是,这一地方的各个村子,没有发生过大的内部纷争,也没有发生过大规模的外来移民。我有必要指出我这一印象的根据。我们选择了上述语言、政治界线上的 10 多个村庄进行调查。各个村庄的居民大多是同一血缘的家族的后裔,所以这一调查最终也就成了这些家系的调查了。

资料有如下来源:

1) 家谱:每个家族都编纂,代代相传。为了躲避战祸,大部分家谱收藏在安全场所,无法取出。我只调查到了地点 O1 的孙家、地点 N2 的李家的记录。

2) 墓碑:由此不仅能知道亡者和全部子孙的名字,也可以知道一个家族的大概经历。我们对地点 J8(西册田)周围半径 10 公里内农田里散布着的 450 多块墓碑进行了调查记录。

3) 庙宇里的供奉碑铭:给我们提供有关居民构成的、能确定年代的历史资料。

以下是这次调查的结果(参见地图 4 中编号上加○的村庄):

J5:100 户中有 80 户姓刘。其祖先刘普兴原籍晋中汾州,1400 年左右迁移至此。对于 1590 年去世的老人来说,已经是三代前的事。1585 年本村居民的构成如下:105 家中,刘姓 62 家、常姓 17 家(现只存 1 家)、杨姓 7 家、王姓 5 家、韩姓 4 家、郭姓 3 家、白姓、马姓、胡姓、吕姓、任姓、贾姓各 1 家。这是本地典型的例子。刘、常两族是长期定居的,其他家族则是流动的,从一村迁居到另一村。刘家来到时,村里住的是张氏家族。张家是 1130 年左右从甘肃迁徙来的,1348 年在本村还占着优势。

J6:由东西两村构成。西村 70 户中有 50 户姓王。祖先王善友原籍不详,于 1500 年以前迁至本村,到 1761 年已是第 10 代了。东村 80 户中有 50 户姓徐,是地点 J8 徐氏(参见下文)的后裔,1400 年左右迁至本村。这个村子 8 世纪时已经存在。

J7：30 户中一半人家姓张，至少从 1543 年起就居住在此地。原籍不明。

J8：100 户中 80 户姓徐。祖先徐武于明初 1368 年以后的一些年里来此。原籍安徽凤阳墙垍石村。有 3 个儿子，其中一个移居地点 J6（参见上文），另一人移至地点 L7，其子孙以后在那两处占有重要的地位。徐武来本村时，村里住的是马氏家族（原籍不详，1900 年左右灭绝），马氏以前还有姓韩的家族（有 1108 年和 1111 年的记录）。

M3：70 户中有 50 户是原籍洪洞的李氏后裔（是口头传说，无法确认，也无碑文等证据）。据 1493 年的铭文，当时有李姓 12 户，刘姓 8 户。刘氏后来势力渐弱。李氏可能是于此前 100 年间移至本地的。据 1697 年的铭文，当时有李姓 27 户，刘姓 3 户，张姓 8 户（另有别姓 9 户）。张氏的先祖于 1600 年左右来本村，至今还是仅次于李姓的第二大族。

M5：250 户中五分之二姓宗，五分之二姓丁。宗姓的家族谱系不明。丁姓先祖出身于北方 100 里外的一个村子，1800 年左右来本村。此前的原居民不详，但有关本村的最早记录是 1005 年的。

M6：100 户中 70 户姓张。祖先原籍不明，于 1507—1550 年间来此地。有关本村的记录，最早的有 1005 年的。张氏祖先移居本村时，村里人口可能较多，所以张氏兄弟中的一个不久后就只得移居到地点 NN10（此点地图上没表示出来）。

N2：300 户中六七成姓李，是李豫的后裔。李是女真族人，1234 年来到本村。女真族（金人）是在此前两代移居到华北地区的。据 1289 年的铭文，村里另有一个人数众多的家族，在其中，这个新来的家族还没占优势。现在势力次于这个李氏大家族的家族有如下几个：

狄姓：较富裕，但人数不多，原籍不详。1513 年时，在本地至少已居住了三代。

寇姓：也较富裕，人数不多。最早的记录是 1500 年以前的。

郝姓：贫穷，但人数多。祖先郝彦章原籍为大同东北 120 公里的怀安县，1625 年移居本地。

王姓：据说原籍洪洞，是口头传说，无法确认。据时代最近的铭文，当是 1600 年左右移居本村的。这一族还分出一部分移居到地点

O4—5,在那里也占据了重要地位。

　　O1:200户中,140户姓孙,是孙伯元的后裔。孙原籍晋东南的沁州,1330年携母亲来此。当时本村非常大,郝氏占优势,但现在只剩下五六家了。

　　Q6:300户中70%是贾姓。在1005年时这一族占据本村居民的大多数。原籍不明。

　　从上述资料可以得出如下结论,这一结论对于本项语言调查是非常重要的。

　　1) 这一地区居民的原籍极为复杂。只有两个家族说是洪洞出身的,一个是1400年前的一些年里来的(M3的李姓),另一个是1600年左右来的(N2的王姓),但信息来源并不可靠。

　　2) 各个家族的祖先是分别单独移居此地的,并没有集团迁徙的痕迹。单独移居来的初代个人或夫妇是进入本地的原居民中并扎下根来的。因而,经过两三代人后,新移入者的方言无疑与周围的方言完全同化了。他们当然也就成了当地方言传统的正当继承者。

　　3) 移居者的迁入年代遍及各个历史时代。因此,无论在哪一个时代,新来移民的数量都不是很多,不至于产生任何影响。只有经过几百年的努力达到完全同化,其子孙才能在村庄中起重要作用。为了更清楚地显示这样一种不为人所感觉的居民逐渐流入的过程,我们把占人口70%的一些重要家族按移居年代顺序列表如下:

　　　　公元1000年以前:　　　　贾Q6
　　　　　　1130年:　　　　　　张J5
　　　　　　1234年:　　　　　　李N2
　　　　　　1330年:　　　　　　孙O1
　　　　　　1368年左右:　　　　徐J8
　　　　　　1400年左右:　　　　刘J5
　　　　　　　　　　　　　　　　徐J6
　　　　　　1493年前:　　　　　李M3
　　　　　　1500年前:　　　　　王J6
　　　　　　1507年后:　　　　　张M6

1543 年前：　　　　　　张 J7

1800 年后：　　　　　丁 M5

由上述资料可见，桑干河南岸地区，存在着一个稳定的居民集团，他们一代又一代地传承着本地方的传统。这一传统至少可以追溯到公元 1000 年以前[*]。

另一个更古时代的历史资料，是在地点 K14 的仇氏墓地上发现的。这一资料可上溯到唐开元年间（713—741 年）。尽管很难断定这一资料与现在这个村中的居民有什么直接联系，但至少可以看作证明这个村庄存在历史的极为古老的记录。

三、调查结果小结

经过详细的调查，搜集到必要的证据以后，现在可以着手进行下一步操作：描绘出所调查区域语言状况的轮廓。

在山西省的这一角落，从 10 世纪末起，就存在着一群不断变化发展着的方言。这一语言变化的特点，在于其变化方向受到许多非语言要素的制约。我们在总结对弘州线的语言特征的印象时，曾论及语言作为一个文化要素的重要性（参见本章：1—2“同言线”结尾部分），这儿可以再深入一步。存在于这一地区的人类文化，因自然地理、历史、风俗和社团内的人际关系等的相互作用混成一体，作为一个整体，不断变化发展着。而且最清楚地显示出这一各种文化成分的混合体的形态的，正是语言的变化，因为它反映了当地居民的心理和社会生活。

在作这种高屋建瓴的结论的同时，把视点放低一些，对语言变化的地域性形态进行观察，也是有益的。在本地区，能确认文化要素具有二元性（即东西对立）。因为政治边界线的变更，以阳原为代表的东

---

[*]　读者诸君可能也注意到了，笔者在谈到地点 Q6 的贾姓可以用 1005 年后的资料认定时，说法是有分寸的。仔细阅读了 1005 年的长长的捐奉者名单后，从人名（不是姓）的构成来看，很显然，在这时代贾氏的姓名已出现了几代人的差别，如有“思”字辈的“思恭、思诚、思文”，“登”字辈的“登科、登会”，有“天”字辈的“天义、天礼”，另外还有两个不同的字。中国人有以字行辈的做法，不同辈分的人用不同的字表示。产生这样一个系列的几代人至少需要 200 年以上的时间。以一个人为祖先的家族，一开始就有三代以上的人生活于同一时代，是不可能的。可以说，Q6 的贾姓至少从 8 世纪以来就生活在这个地方了。

部语言集团的影响向西扩展,波及本调查区域的东部。而且我们也越来越清楚地看到,左右这一影响的作用的,不单单是行政结构。引导这一影响发展的是东部地区肥沃的土地,而使之扩大增强的是特定的社会习惯以及在交通线上不断来往的人流、物流。

在桑干河南岸地区有两种语言势力处于势均力敌的状态,这也就是意味着,两个相距较远的中心地点的影响隔着一条不稳定的边界线相对峙着。这两个中心地点是东边的阳原和西南的浑源。这儿要强调的事实是,在这个区域,和外来势力(即阳原势力)相碰撞的,不是大同及周围平原地区的势力,而是浑源的势力。浑源以其丰裕的农业和文化上的优越性为背景,对桑干河南岸产生很深的影响。其影响首先是通过山口的道路渗透过来的。浑源的影响还遍及山岭地带的村子。如山村的姑娘嫁到浑源平原,而山村的小伙子则娶浑源的姑娘。山村的基本粮食是燕麦粉(山里主要的农作物)①,这是山村和浑源之间重要的共同点,同时又是与大同平原的对立之处。所以在本调查区域西部的村子里,"入城"指去大同,而"下城"专指去浑源。用"下"这样的动词,直接反映了山村的语言生活,也是山村独有的表达方式(关于浑源势力的影响,请参见[补遗2]的具体事例)。

那么本书所谓的"弘州线"究竟是不是一种稳定的界线呢?是不可能稳定的。因为构成这条界线的各种语言特征各有其固有的历史,并且分别受到各不相同的影响。

一般来说,词形大多是由西向东移动的。试举一例②。"父之兄"(伯伯)在西部叫[lɔ³ tiɛ⁴](老爹),在东部叫[ta⁴ iɛ¹](大爷),是地图3中的第6条同言线。但在这条同言线西侧的M5和R1,"父之兄"叫[lɔ³ tiɛ⁴](老爹),而[ta⁴ iɛ¹](大爷)则是"父之堂兄"。这表示,[lɔ³ tiɛ⁴](老爹)是新的词形,被它取代的词形[ta⁴ iɛ¹](大爷)转移到使用频率较低的意义领域中去了③。也就是说,这一同言线偏离原先的位

_____

①　原文是 avoine,译作"燕麦",也可能是"莜麦"。

②　此段是从贺登崧(1943,161)选译的。

③　同样的例子在江苏省连云港也有。连云港方言中"父亲的哥哥"一般叫"大爷"[ta⁴iə]。但有一个农村的发音人说,"大爷"[ta⁴ iə]指"父亲的堂兄","父亲的哥哥"叫[ta⁴çiə]。这一例中,旧词形用于指使用频率低的亲属。

置,向东移动了(并请参见[补遗 1]中举的 n/ŋ 对立的例子)。

词形这样由西向东移动的原因,一是由于西部的姑娘嫁到东部去的很多,新娘们带去了自己的语言习惯,并对下一代产生了影响。另一个更普遍的因素是浑源的影响。因为在桑干河南岸地区,浑源平原的影响力正在不断地扩大。

必然也有一些移动方向相反的语言特征。如一些带入声的词语,几个世纪以来,一直在向西扩展自己的势力(见第三章:2—4 语言特征由东向西的迁移—入声词的迁移)。

再重申一遍,所谓"弘州线"并不是单纯地由语言本身的原因而产生的,只是表示一种在现阶段表现出来的暂时的稳定状态而已。

考虑到下一步的研究,我要指出的是:在弘州线以东不太远的地方,还有分隔山西省和察哈尔省的主要的文化界线(参见卷首地图)。以方言边界线为中心形成的弘州线是 10 世纪的政治边界变动的反映,其形成相对来说还是比较晚近的。与此相比,文化的界线是依据农具(如粪篓子、播种机械、碎土机等)的形状、建筑物的形态(如龙王庙在村里的位置)等方面的差异来划定的,这些是比语言更为稳定的文化要素。因此,文化界线在历史上可以追溯到更古老的时代,也许能追溯到汉民族占据山西省北部的初期。虽然有些方面只是基于假设的想法,但这样的考察角度还是值得进一步作深入的研究的。(参见 1948f:22—23 页,1952c:22 页)

本研究以大同东南部为对象,最后再粗略地扫描一下晋北方言的实际面貌。

海拔为 1 500 米到 2 000 米的群山,分隔出一个个海拔为 800 米到 1 000 米的小块平原来。在各个平原中存在着一个或两个中心地点,在其势力范围之内,有无数个乡土气息浓重的村庄。在这种互相比较隔绝的环境下,各个平原都很重视保持中国从古以来的种种文化要素,随着各自的变化潮流而发展着种种独有的语言特征。一个中心地点,一旦创造了经济的繁荣,取得了政治优势,就会越过自然的边界线,拓展自己的势力范围,进而与敌对的中心地点的势力发生冲突。

四、结语：语言地理学在中国的前景

根据本研究的方式，可把语言地理学今后的课题分为两种类型，归纳如下：

A) 必须逐步扩大调查地域，深入调查并搞清各种语言事实分布的区域。由此得到的关于语音、词汇、形态、声调等方面的地图，将为以下研究提供必不可少的材料。即：

1) 共时的研究：要弄清汉语方言的真实面貌。而现今所知道的仅仅是汉字的方言音而已，其他就所知无几了*。

2) 历时的研究：要阐明语言的历史。从地图所见的分布区域本身，就可以了解最古老的词形。我们可以把不同历史时期产生的语言事实并置在同一个空间中观察。

B) 在搞清楚各个语言特征的分布区域的界线以后，对同言线束和方言边界线进行讨论。由此能显现的是，还存在着更大的语言的集合体。进行了这第二项工作后，语言学就延伸到了其周边领域，这就需要借助于地理学、历史学和社会学等学科的研究成果了。如果能进行这样的综合性的研究，就能在分割中国的各种文化势力范围之间画出边界线来，并调查它们之间的相互影响，最终探明最古老的文化势力圈。而根据中国地域研究的实际情况来看，就像本研究所做的那样，还是得由方言学者来承担大量非语言学的研究。

这样大规模的计划，还是应当由中国的语言学家来实现。能够驾轻就熟地进行各地的地域调查，彻底地查阅数量庞大的史料，尤其是各地的碑铭的，还是非中国学者莫属的。

————————————

* 高本汉所谓的"方言"就是指这样的词形。他在 *The Authenticity of Ancient Chinese Texts*（《古代中国文献的可信程度》）（*BMFEA* 第 1 号，1929）一文中说："方言这一词指的是什么呢？我们下个定义。我设想的不是 des patois，即中国农村的土话和社会底层的方言，而是古希腊语那样的方言，更近一点儿的例子，就是以受过教育的上海绅士或北京市民的语言为代表的方言。"光凭这句话，就可以明白高本汉在"方言字典"等著作中所使用的"方言"这一词的含义了。另外，也可参见高氏的 *Philology and Ancient China*（《语文学与古代中国》）60 页。

[补遗1]

　　矫枉过正(hypercorrection)之一例①

　　在大同东南地区有一组词的声母具有两重性,如地图 6(A)所示。

　　如本章第 1 节所讨论的第 8 条同言线所示,有一组词(如"安稳""袄儿""蛾儿"等)的声母,在西部地区是[n],东部则是[ŋ]。但是,"难"[næ]、"挪"[nuɔ]、"牛"[niu]等一组词的声母在东部也读[n]。地图 6(A)中标记了"安"("平安""安稳")的声母。在接近边界线的地点 J8,R1,[n]是年轻人的发音,[ŋ]是老人的发音。由此可见,语音的边界线是渐渐地从西向东移动的。但地图 6(A)中所标的界线并非对所有有 n/ŋ 交替的词都有效,如"蛾儿"就比其他同系列的词落后了一些,在地点 J8,即使是青年人,也仍说[ŋoer]。

　　尽管在边界地带发生这样的一些摇摆不定的现象,但作为一个系列,还是反映出有规律的语音。但笔者的观点是,尽管是有规则的,并不是说其中保存着古老的状态,只不过是现存的两个词形所占据的区域之间所发生的作用与反作用所致而已。实际上,在 n/ŋ 这一条语音边界线的东侧(只是东侧,而且只是接近这条界线的地点),有几个词受反作用的牵引,产生了矫枉过正的现象。如上文所述,有一组词在东部也读[n]声母,如"那些"为[nœ ɕiɛ],但在地点 N2 读为[ŋœ ɕiɛ]。在最东边,特别是河的北边,已经达到了平衡状态,代词"那",只说[ŋœ]。

　　另外,在地图中斜线区内的 5 个地点,"避难"说[pi ŋæ],"难"的声母是[ŋ]。发音人一说出这个读音,我总是要确认一下:"[ŋæ]是什么意思?"他们的回答也经常是:"强盗来了,地方上有危险时,叫作[næ],避开危险,叫作[pi ŋæ]"。从"困难"[kxuõŋæ]一词的发音也能明显地看出来,因反作用而产生的矫枉过正显然是有意地实行的。这个来自书面语的词,说话人小心地读为[ŋæ],因此被认为是"高雅"的发音(根据地点 J8 出身的一个女性的所述,她出嫁后住在 O4—5,这两处都在语音边界线的东侧)。

———————————

　　① 摘自:贺登崧(1943:149—150)。

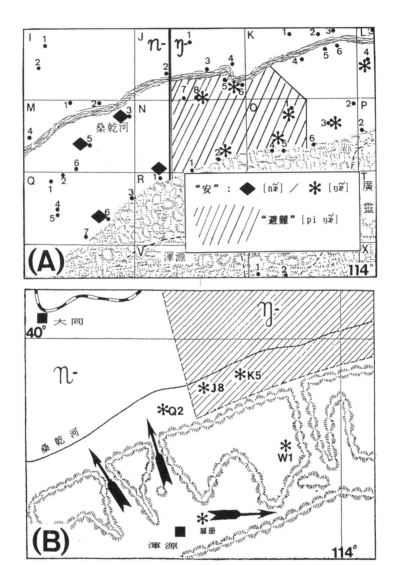

地图6　[n/ŋ]的分布区域、浑源势力的影响
　　（A）矫枉过正一例　　（B）山口道路的作用

这种因矫枉过正而产生的语言形式很难用文献学的方法来阐明。要说明"难"读[ŋæ̃]、"那"读[ŋoe]的现象,是无法从古汉语的构拟中去求得答案的。只有站在地理学的立场,才能说明[ŋ]类变化之所以产生的原因。这种变化既不基于语音的原因,也不基于机械的原因,而是心理上的原因所致,也就是因为心理上企图把一个系列的词全部按照规则重新进行排列而产生的结果。

[补遗2]

南部城市浑源作为中心地点发挥的影响力——山口道路的作用

1)语音边界线 n/ŋ 和地名"册"的发音①

[补遗1]中讨论的 n/ŋ 这一条语音边界线,跟大同与浑源间的道路有着怎样的关系,我们可以从地图6(B)来看。浑源城处于富裕的平原中心,以文人众多而闻名于世,与大同平原常有经济上的往来。如图中箭头所示,两城之间的主要通行道路历来是通过两个山口的。地图上另有一条是向东通往广灵县的。从地图上能清楚地看到,南边的形式[n]是越过两个山口向大同平原扩散的。这一扩散还没有蔓延到东部,是因为存在另一个中心地——阳原的影响。这种场合,[n]的扩散并非因为移民的原因,而是体现了浑源县城在经济上、文化上的优势,这种意识反映在说话者的身上。因而,这儿[ŋ]为[n]所取代,决非地域性的音变,而是一种借用。

地图6(B)中标记了5个地点,都是有"册"字的,具体如下:

J8 西册田　　　K5 东册田

Q2 委册　　 W1 老册　　　　□雇册(地点编号缺)

这些地名的汉字写法使用至今已经有300多年。前两个地名(J8,K5)中的"册"读[tsxe],而后3个则读为[tsxa]。

从地图6(B)中,能清楚地看出,[tsxa]音处于浑源城的影响所及的范围中,在 n/ŋ 这一条语音边界线的[n]一侧区域内。而[tsxe]只

_____

见于[ŋ]分布的区域中,这一形式属于更古老的历史阶段①。

2) 啄木鸟的语言地图②

地图 7 上标记了 10—16 岁的少年对"啄木鸟"的各种叫法。

有两个地点叫[tsuă mu nior](啄木鸟儿),这是普通话的词形,是他们从教科书上学来的。其中在地点 N2,一个人说出了另一个自然的词形[põ ʂu tʂxue zə](锛树锤子),在 E3(浅井),发音人马上又补充说:[txa põ](他锛。锛:凿孔)。这证明这样的方言词正活跃着,使用着。"锛"[põ]这个成分,除了普通话词形外,3 个方言词形中,有两个用到了。

第一个词形[ʂu põ poer]"树锛锛儿"(用菱形符号表示)通用于这一区域的大部分地区。[ʂu]读低调(单用时为强读的升调),这是"树木"的常用词形。重叠的[põ poer](请注意:因儿化,末尾的鼻音成分丢失了)是表示亲昵的指小用法(diminutive),所以可译为"凿树的小匠人"。这个词还有几个变体:末尾不带"儿"尾的[ʂu põ põ](J6,L5,I1 等地点,末音节读轻声);带"子"尾(可看作"儿"尾的交替形式)的[ʂu põ zə](J8);不重叠的单纯形式[ʂu põ](J6)。

第二个词形是[põ ʂu tʂxue zə](锛树锤子)(用黑圆点表示),也包含"锛"[põ]这个语素(参见第四章宣化地区的"啄木鸟",地图 17)。这个词形后半用"锤子",把这种鸟比作"凿木的锤子"。语音上的变体

---

① 关于"册"的读音,作者还作了以下解释:

"册"(本子、账册)的读书音为[tsxa]。那么人们可能认为这些村名与"户口册"有关。但把碑文与语言地理两方面得到的资料结合起来看,结果却完全不同。下面列出村里经幢上的记录:

辽代:Q2 武威栅,1005 年(统和二十三年)

　　　J8 西栅田,1005 年(统和二十三年)、1108 年(乾统八年)、1111 年(天庆元年)

金代:J8 西栅田,1171 年(大定十一年)

　　　K5 东栅田,1202 年(泰和二年)

这些例子中,都把"册"写作"栅","栅田"即用栅栏围起来的田块。"栅",方言叫"栅栏子"[tsa la zə]。(译者补注:"栏"的读音不规则,参见《大同方言志》68 页。)现代方言中读[tsa (la zə)],而地名中读为[tsxe](J8,K5)、[tsxa](Q2,W1,雇册)等形式,怎么解释这种现象呢?……我们把地图上出现的形式按照年代顺序排列起来,可能是如下的过程:tsxe > tsxa > tsa。这里列出的未必是规则的语音变化的顺序,只不过表示了这个词在地域上发音的历史变化。(贺登崧 1943,162—163 页)

这儿作者的主张是,地名发音中保存着更古老的语音。(下文第三章 2—4 节有深入阐述)

② 这一部分译自:贺登崧(1950b),略有删节。

只有[põe ʂu tʂxue ð](O5，M5)和[põe ʂu tʂxuœr](H6)两种。

从地理学的观点看，"锛树锤子"分布的两个地区所显示出来的特征，对于解释这一区域的语言状况是很重要的。首先，这个词形在两个地点(L2，M5)与"树锛锛儿"并用，这表示已经产生了语言上不稳定的状态。"锛树锤子"是外来的，是从山区下移到这两个地区的。观察了这样的情况，也就能明白不稳定状态形成的原因了。把地图5(见2—2节)与这幅地图重叠在一起看，就很容易发现这个词形传播过来的过程。正如地图上所显示的，把南部的浑源县、广灵县与大同平原连接起来的重要通道有三条，还有两处一年四季可以渡过的浅滩。

词形"锛树锤子"的分布地域本身，就雄辩地证明交通路线对方言词汇发生了影响。在这儿，发音人不会以"锛"这个语素为基础有意地造成了一个新的词形。发音人也不会因企图让"树锛锛儿"更具有表现力而组合起一个"锛树锤子"的。这种解释不过是书房里的"考察"而已，一般发音人是没有这样的意识的。实际上，发音人是受到地理的、经济的因素的影响，而借用了其他地方的词语。

地图上，第3个词形分布在大同平原上，这也是有地理上的原因的。这个词形开始得到发展的地域是地点U1—2的沿山口地带。在这些村子里，把啄木鸟叫"找树虫子"[tso ʂu tsxuɔ̃ð]，在地点U1—2是其变形"找树虫"[tʂo ʂu tʂxuɔ̃]，这个词形可理解为动宾式的"找树中虫子(的鸟)"①。

---

① 这儿举了4种形式，《大同方言志》只报告了一个"凿树虫儿"[tsao ʂu tʂ'uar](另一个形式是"凿树鸰"[tsao ʂu liar])，把第一个音节解释为"凿"。

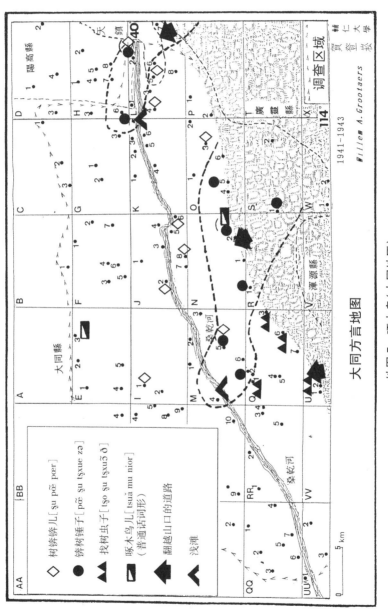

地图 7　啄木鸟(大同地区)

第三章　大同市东南部方言中
地域性语音变化举例

与第二章相同,本章继续运用方言地理学的一般原理来研究大同东南部地区的方言。这儿将详细讨论几个特定的语言(语音)现象,以显示运用方言地理学的可能性。我选择能说明什么是方言差异的事实来讨论。因为在汉语方言的研究中,对方言差异这一概念的误解还很普遍。

一、"昨天"的方言地图

1-1　地图的解释

地图 8 中标记了"昨天"这一词的各种方言形式。它们的语音形式如下:(音节前加的符号($^{'}$)表示重音)*

同言线以西

M3　iɛ^3 $^{'}$ni kə　Q4—5　iɛ^4 $^{'}$ni^3 kə　Q6　iɛ ni kə

RR3　iɛ ni　　　RR4　iɛ$^{'}$ ni　　　RR5　iɛ$^{'}$ niːkə

U1—2　$^{'}$iɛ ni kə~iɛ^3 $^{'}$ni^3

同言线以东

J6　iər kə　　　J8　iər kə~iɛ $^{'}$li　　L3　$^{'}$iər^4 kə

L7　iər le　　　N2　iɛ $^{'}$li　　　　O2　$^{'}$iəːr le　　　O3　$^{'}$iər^4 kə

---

* 读者诸君也许已注意到,这里并非都记录了声调和轻重音,因为我对采集到的资料没有进行加工。这些词语大都是在现地从自然的语流中记录的,不一定都能做到完整地记录语音。因为受到此次调查的物理条件的限制(骑着驴出去调查,冬天坐在农家的炕上进行调查等),产生了这样的缺点,望读者谅解。当然,在最终调查时应避免此类问题。我总是尽力忠实地使用间接提问法,提问时,尽可能地使用了当地的方言。

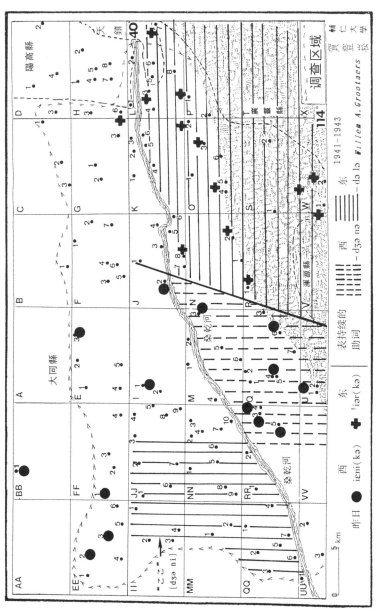

地图 8　昨天

O4－5　iər⁴ kə　P1　ˈiɛ¹ le³　　　　R1　ˈiər¹ kə

S3　iər　kə　W1　iər～iər kə　　　W2　iər

　　这里明显存在着西部的[iɛ ni（kə）]和东部的[iər（kə）]这两种类型的对立。首先要注意的是,末尾的音节[kə]常在单说时或强调时出现。日常会话中常见的词形在西部是[iɛ ni],在东部是[iər]。

　　下面对一些问题作说明与解释。

1－2　对分布较少的两个词形的解释

　　在同言线的东侧有两种数量较少的词形:

　　(1) 地点 J8、N2 的[iɛˈli]

　　这是两个孩子(一个 12 岁,一个 14 岁)在自然会话中说出的。因为这些地点靠近[iɛ ni]/[iər]同言线,所以可以考虑是由以下原因形成的混杂形式:

　　a) 一种可能性是 n 和 l 在语音上有类似性①。

　　b) 更重要的因素是,西部方言的势力强大,渐渐地影响东边的方言。西部的词形向东推进,作为东进的最初征兆,是沿同言线东侧的词形受到西边的牵引。当然,首先主动地吸纳这种变化的是年轻一代。在地点 J8 的另一个词形[iər kə]是成年人说的。

　　(2) 地点 O2、P1、L7 的[ˈiːər le][ˈiɛ¹ le³][iər le]

　　在这些词中,看不出西部词形[iɛ ni]的影响,这一点,看了后一个韵母(西部是[i])和重音的位置(西部一般在第 2 个音节[ni]上),就很显然了。这儿产生了一种语音现象,这是在其他方言中也很常见的②:即发得比较强的辅音 r 导致硬腭中部阻塞,产生了一个 l,由此也自然地在词末增生了一个元音[e]③。

---

　　① 汉语方言中 n/l 不分的方言很多。长江以北的北方方言分不分 n/l,大致上以淮河为界,形成一条重要的同言线(参见 O.Zavjalova《官话的一条语言界线》,东京外大亚非研究所 *CAAAL*,21 期,1983)。大同地区区分 n/l,但在这样的地区,也有个别 n/l 相混的词,如天镇"农"n>l,北京"弄、梁"n/l。

　　② r 变为 l 的汉语方言并不多,但在山西省的一些方言与北京"儿"尾[- r]相对应的成分,用中缀[ɫ](卷舌的 l)(见徐通锵《山西平定方言的"儿化"和晋中的所谓"嵌 l 词"》,《中国语文》,1981.6)。也有用 l 和北京声母 r 相应的,如扬州话。

　　③ 原文此段后一节较费解,略去未译。

在别的地方也有 r 后增生一个寄生元音的现象（参见 J. Mullie（闵宣化）："*Het Chineesch Taaleigen*"（汉语北方方言），II，p277，III，p74）。在热河省（译按：今河北、辽宁、内蒙古的一部分），"昨天"有［iɛ kə］和［iɛ lə kə］两种词形。在长城北面（绥远省和察哈尔省），第二人称代词尊称"您"说［ni la］，这可以跟大同市的一片较广大的区域中说的［niər］相比较*①。

我们再回到［iər le］上去。这个新的词形似乎很受人钟爱，有向本调查区域的最东边扩展的趋势。但是［iər le］决不加上后缀［kə］。由此大概可以推测，本来在这个地区，有两个词形，西为［iɛ ni kə］，东为［iər le］，两者混杂后，产生了［iər kə］。这一解释还须证实，还有待于对邻近区域的调查②。（关于这一解释，贺登崧（1943，152）有论述。）

值得注意的是，在南部的山村（如 W1）有［iər(kə)］。这些村子在经济上与山南浑源县的平原地区联系很紧密，村里娶浑源县女性为妻的很多（参见第二章：三、调查结果小结，［补遗 2］）。因而在好几幅方言地图上都能看出这些村子的方言处于浑源方言的影响下，也就不奇怪了。事实上，据可靠的人士说，浑源县及周围地区都说［iər (kə)］，因而［iɛ ni (kə)］当是大同平原固有的形式③。关于这一点留待下文讨论。

---

*　在方言地图上，比较一下［ni lə］［niər］型的词形和北京、热河的词形［nin］［ni na］的地理分布，是很有意思的。在这里同样也出现了 r(l)/n 的交替。关于这种交替，本书将在下文讨论。

①　最近的方言调查报告中，能见到大同"niar""你儿"；天镇［ni lar］"你老儿"、［niar］"你儿"；怀仁［niər］"你儿"；山阴［niər］"你儿"、［niʌ lʌr］"你儿老儿"。关于北京第二人称尊称"您"的起源，有两种解释。一是追溯到元曲常用的复数形式"您"，认为"您"［nim］原本是"你们"［ni mən］的简缩形式。类似法语复数第二人称 vous 可用于表单数尊称的情况。这一说法很有道理，但在清代的文献中几乎没见过，缺乏一贯性。另一种学说认为与元曲无关，是由"你老""你老人家"简缩而生成了北京话的"您"（见吕叔湘《释您，俺，咱，喒，附论们字》）。据本书作者所论，大同地区及长城以北地区的［la］［lʌ］是从 r 尾的语音演变而来，但也有可能是从"你老"之类的词形变来的。无论如何，本章§1—2 注中提到的广域语言地图在语言史构拟上具有重要的意义。

②　关于［iər le］［iɛ le］等，作者在前一段中说，第二个成分［le］是 r 尾在语音上的派生形式，而此处又暗示说可能是东部地区的原词形。根据译者制成的广域地图来看，此处的说法是正确的。表"昨天"的［iɛ le］分布在以山东、山西为中心的广大区域，有［iɛ li］［iɛ ni］［iər］［iɛ］等形式，这些显然是［iɛ le］的变体（或弱化形式）。但［iər le］［iɛ le］在晋东北还没有报告，参见下一项注。［le］是 r 尾的音变派生形式也可能是大同东南地区局部发生的。词尾［kə］（可能是"个"）分布的范围更广（约在北纬 30 度—35 度之间），要不要加"个"，大多是任意的。

③　最近的方言调查报告中有以下各种形式：大同［iɛ ni(kə)］、天镇［iar(kə)］、怀仁［iər(kə)］、［iɛ ni kə］、山阴［iər(kə)］。如果范围仅限定于山西省北部的话，说像［iɛ ni (kə)］那样中间包含［ni］音节的词形是大同平原特有的，是正确的。

1-3　和[iɛ ni kə]/[iər(kə)]同言线一致的其他语言特征

下面考察一下,为什么[iɛ ni kə]/[iər(kə)]同言线在地点 J8 的正西处(而不是别处)通过。这里要注意的是,这一条同言线和另一条同言线(表进行的助词[tʂə ni]"着呢"/[tə lə]"的了")一致。先简单介绍一下这个助词的意义和用法。

助词[tʂə ni]"着呢"/[tə lə]"的了"决不重读。其用法如下[1]:

a) 与表动作的动词一起使用。这个助词表示动作现在正在进行中,即法语用"委婉法""en train de……"所表达的意义。下面是从地点 Q7 所采集到的实例:本地的药剂师为一位农民配药。如果农民问:[yǎ pxe⁴ ʂə la ma?]"药配上了吗?"("上"是表示动作完成的体标记,不是时态助词)。于是药剂师说:[tʂə xuər⁴ pxe⁴ tʂə nə]"这会儿配着呢。"([nə],有时说[ni])试与东部词形比较,如地点 O3:[tsue li xɛ ʂuǎ tə lə]"嘴里还说的了。"(嘴里还说着呢)

对于动词带有进行态助词的疑问句,否定的回答是:[pu tʂə nə]"不着呢"(地点 Q6)和[pu tə lə]"不得了"(地点 O4-5)。用这样的方式否定进行状态的开始。因意义的扩大,这个句子还有"还没有(开始)呢"的意思。

b) 和表示状态和性质的形容词,亦即几乎所有的形容词连用。这时[tʂə ni]/[tə lə]是表示强调的助词。因为很常用,据此可以判断说话人是西部的还是东部的。如西部说[kxǎ ˈxo³ tʂə ni]"可好着呢"(地点 Q4-5),东部说[kæ̃¹ tə læ̃⁴ læ̃³ tə lə]"干得□□的了"([纸]干透了,地点 O3)[2]。

换言之,这个进行态的助词,西部有其特有的形式,东部则是另一

---

① 关于本节所述的持续态助词[tʂə ni](着呢)和陈述句否定形的[nə](呢)的用法,可参考《大同方言志》(103—104 页)和马文忠《大同方言语助词"着"》(《中国语文》,1992.1)。据马文,持续态助词的"着"是[tʂəʔ],而句末助词的"着",强调时有时读[tʂɑ](与"张"或"杖"同音)。又,东部的词形[tə lə](的了),在《大同方言志》和《天镇方言志》中没有报告。《山阴方言志》说持续用[tiə li](的哩)(51—52 页)。怀仁方言中与普通话"着"对应的形式是[tiə](的)。

② [læ̃⁴ læ̃³]是同一语素的重叠形式,但前后两个音节声调不同。(参见:2—5 声调的作用)

个形式。这一现象还能与另一个方言事实联系起来。在这一带,陈述句中,不管现在、过去、将来都频繁地使用句末助词"了",如[tʂǎ iǎ¹ iu³ pio¹ lə]"这羊有膘了。"(地点 N2)这个词形在桑干河南岸,不管东部还是西部,都没有变体,但其否定形式,在西部是['mɤ nə]"没呢",东部是['mɤ lə]"没了"。如果意思是"还没有呢"时,重音位置会发生变化,西部又说[mɤ'nə],东部又说[mɤ'lə]。如:[tʂxɛ lə'fæ⁴ la ma]"吃了饭了吗?"[mɤ'lə]"没了"(地点 J6)。

在以上各种情况下,都能见到 n/l 的交替。要紧的一点是,除了上述情况外,其他词中不存在这样的交替。也就是说,"西部的[n]在东部都变成[l]"这样的语音规则是不成立的。实际上,在相同的位置上有[n]或[l]声母的词很多(如[liɛ li]"连里",轻松,容易),这些音无任何变化。另外,如上所述,陈述句助词[lə]的语音变化也仅限于否定句中。

1–4 同言线一致的原因

为什么区分"昨天"词形的同言线和这些同言线是一致的呢?

首先要考虑的是和非语言因素的关联,正是在这种场合,语言地理学打破了旧方言学的框框。上述各种方言成分之间没有任何逻辑上的必然联系。在语义学的范畴上,"昨天"、进行态助词、陈述句否定形式所用的助词,也不能构成相互关联的一组。把这一组词中的任何一个拿出来观察,也未必能联想起其他的一些词。而且如上文所讨论过的,也不存在把这些语言事实贯串在一起的语音上的必然关系。不管怎样,在它们拥有共同的同言线这一事实面前,我们的注意力就要转向这个地方的社会结构、经济结构及其历史。这儿讨论的这种同言线的走向,就是由这样的非语言因素决定的。如前一章所述,从前的政区界线(1000—1400 年左右)、农田土质的差异、不同的婚姻习惯、由山路和过河的浅滩决定的道路网络等等要素,规定了语言边界线的位置出现在这个地带(即上文所述的"弘州线")。

上述各种语音差异显示出如此巧妙的整合性,不是因为这些方言成分具有共同的历史渊源,而是纯粹地域性的、偶发的、无法预料的结果,因而是历史的偶然产物。这些语音的差异要用构拟的 6 世纪的中古汉语音系来说明是完全不可能的。这儿观察到的整合性之所以产生,其原因在语言之外,无论如何,这一点是必须注意的。

虽然我们通过语言地理学的研究阐明了非语言因素的重要性,但不能因此而不考虑语音学的观点。因而,我们下面考察到某些特定词形的形成时,有方言语音所起的作用,与上面的观点并没有什么矛盾,我们可以在桑干河的北岸找到这样的用例。

1-5 桑干河北岸的词形:"这儿"和"昨天"

对桑干河北岸的方言,我们还没有进行有组织的调查,根据手头的片断的资料,我们能指出一些饶有兴趣的问题,但是还无法作出最终的结论。

在地图 8 的西部(有纵实线的部分)有一个表示"这里"的特殊词形,同样也说成[ˈtʂəˈni³]。而东部和河南岸一带常说[ˈtʂə³ tʂər],有时也说[tʂər³]"这儿"或[tʂəˈli³]"这里"。西北部的词形[tʂə ˈni³]是不是受表"昨日"的词形[iɛˈni³]的影响而产生的变体呢? 值得注意的是,两者第二音节的韵母、轻重音格式和声调都完全相同。如果知道普通话词形"这里 zhèli"的话,就会同意这个解释①。但地域上的变化肯定是完全独立产生的(不受普通话的影响),所以这儿无法得出结论。这个问题眼下还不能算已经解决。上文指出,西部"昨天"说[iɛ ni],"这里"说[tʂəˈni³]同样也是大同平原所特有的②,因而是这两个词形互相影响而产生的这一地域特有的现象。

北岸地区还有一些和"昨天"有关的现象。下面列出其中有关的词形:

BB1	iɛ¹	ˈni³	kə	(用间接提问法得到的回答)
EE2	niɛ	ni	kə	(自然语流中)
EE3	niɛ	ni	kə	(同上)
FF1	niɛ	ni	kə	(同上)
E3	ˈliɛ¹	li³		(同上)

---

① 北京话的"这里",重音在第一个音节,而[tʂəˈli]、[tʂəˈni]的重音在第二音节,严格地说来和两者并不对应。

② 最近的方言调查报告中,大同[tʂar³][tʂar³ tʂar],天镇[tʂar¹ tʂar³],怀仁[tʂər³],山阴[tʂʌr³]、[tʂə lɛɛ³]。但没有关于与[tʂə ni]相似的词形的报告。

　　　　　iɛ　ni　kə　（用间接提问法得到的回答）

J2　niɛ　ni　kə　（同上）

在北岸，地点 I1，H6 的［iɛ ni kə］［iər kə］也不是特别的词形，它们分别和南岸的分布区域极自然地联结起来。另外，上列 7 个词形都附注了调查时的情况，其中最值得注意的是 EE2、EE3、FF1 的［niɛ ni kə］和 E3 的［ˈliɛ¹ li³］，这些词形是在自然语流中采集到的，未受到调查者的主观影响。

　　这些词形特别有意思，是因为能由此感触到发音人深层的语言感觉。很显然，说话人对［iɛ ni kə］并不作分析，他们并不由"昨天"这个词联想起其他词。正如［niɛ］［liɛ］这样的成分所显示的，要从这儿找出表示［iɛ⁴］"夜"的东西，是没有意义的。

　　我们从完全共时的角度来看一下，在说话人的语言意识中，［niɛ ni kə］等词现在的含义是什么。其唯一意义是"昨天"，和"夜"相关联的成分一点儿也没有。要证明这一点，只要观察一下指"夜"的词就可以了。如果说，"昨天"是由"刚过去的一夜""刚过去的白天"这样的想法而产生的，那么在可能发生这种变化的方言中将得以证实。从大同东南部来看，要得到这样的解释毕竟是不行的。实际上"夜"常说［xəˈiɛ⁴］"黑夜"*，"今夜"说［tɕiər xəˈiɛ⁴］"今儿黑夜"，"昨夜"在本地区西部说［iɛ ni xəˈiɛ⁴］"□□黑夜"，东部说［iər xəˈiɛ⁴］"□儿黑夜"。从［niɛ ni kə］［liɛ ni kə］之类的变体来看，"夜"与"昨天"之间在意义上显然是没有联系的。

　　要申明的是，本文是从纯粹共时的视角出发的，在这种情况下，除此以外没有更合适的观察角度了。实际上，在发音人的意识里，也只有这样一个视角。现在，即使有语言学家提出，要从历时的视角来探讨"昨天"与"夜"之间在语言史上的关系，他们当然也无法否定这一点。只是这儿讨论的方言地图只以有限的区域为对象，并未提供任何有利于历时研究的资料。只有以语言地理学的方法对一个乃至几个县进行调查，在古老的方言中采录残存的古老词形，才可能搞清楚其

---

　　* 这儿省略了［tʂeu iɛ］（昼夜）之类文雅的复合词语。还要请注意的是：北京口语把"夜"叫作"夜里"yèli。

过去的历史①。

1-6　小结

从已观察的几个词中可以看出，n/l 交替这样的特定语音成分在词的历史变化中起着一定的作用。但综合各种事实来看，明显地起着最大作用的还是非语言的力量（弘州线）。可以预想，如果废除读汉字记字音式的方言调查方法，汉语及其历史的研究，将会大大改变面貌*。

下面讨论的另一类情况是，语音的差异中没有显示出很规则的分布。

二、介音"y"的方言地图

2-1　地图的解释

在地图 9 上，桑干河南岸地区的中央部分，标着下列 4 条同音线**。

a) tɕyă / tɕiă　脚

b) yă/iă　药

c) ye⁴ 'liã̃⁴/ yă 'liã̃⁴　月亮

d) va⁴ zə/ vă zə　袜子

这幅地图是把 4 幅地图重叠在一起画成的，省略了细节，以求简明。

---

① 此处[iɛ]的语源应是"夜"。在唐诗中"刚过去的一夜"（昨夜）常用"夜来"表示，如："夜来诗酒兴，月满谢公楼。……今夕遥天末，清光几处愁。"（钱起：《裴迪南门秋夜对月》）这种思路有普遍性，不光是北方话，南方方言也有把"昨天"说成"昨晚""昨夜"的，也有方言用"昨朝、朝个、上朝"表示"昨天"的（苏、皖南部）。但本书作者的立场完全是从"共时的、微观的观点"出发的，与这种"历时的、宏观的观点"角度不同。

 * 高本汉的《方言字典》举出大同的"昨"为[tsua]（889 页），这只是记了本地识字的人读汉字"昨"的音（参见本书序文）。

 ** 在此谨感谢 Paul Serruys C. I. C. M.（司礼义）神父，他在方言地图的解释上给予指教，并提供有关同言线[ye⁴'liã̃⁴]/[yă 'liã̃⁴]的资料。Serruys 神父在地点 J8 居留 3 年，采集了许多明确的方言资料，我们曾打算把两人的资料汇集起来，编一本桑干河南岸方言的词典（译注：该词典未出版）。

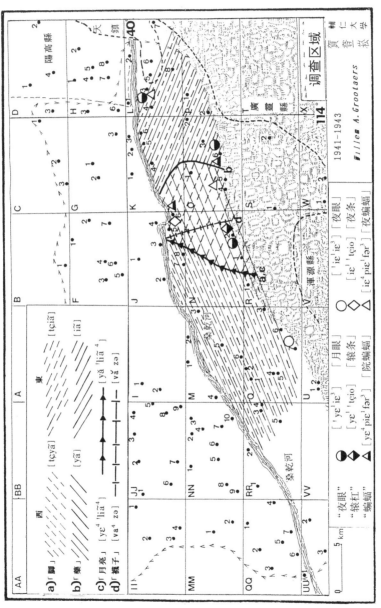

地图 9 介音[y]

除了这 4 条同言线,在地图 9 上还标了另外 3 个不同的词的 10 个词形。

半黑的符号表示有介音[y],从这些词中,并不能看到如上述 4 条同言线那样清楚的东西对立。这 3 个词是:

1) 夜眼(附"蝉")(骡、马前腿内侧的一小块角质体)

Q7　夜眼　ˈiɛ¹　iɛ³　　　O6　月眼　ˈyɛ¹　iɛ³

N2　月眼　ˈyɛ¹　iɛ³　　　L3　月眼　ˈyɛ¹　iɛ³

2) 马车的辕杠

J6　夜条　iɛ¹　ˈtçio　　　N2　辕条　yɛ¹　ˈtçio

3) 蝙蝠

J6　院蝙蝠 yɛ⁴ piɛ¹ fər³　　L3　夜蝙蝠 iɛ⁴ piɛ¹ fər³

O6　月蝙蝠 yɛ⁴ piɛ¹ fər³　O4—5 夜蝙蝠 iɛ⁴ piɛ¹ fər³

下面,我们对以下三个事实以及相关的问题作说明和解释:

A) 同言线 a)与 c)的走向一致。

B) "夜眼""辕杠""蝙蝠"的词形不稳定,介音 y 时有时无。

C) 同言线 a)与 b)的走向不一致。

2-2　同言线 a)与 c)的走向一致

同言线 a)和 c)跟地图 8 上所示的界线极为接近。这两条同言线来源相同,这儿看到的正是构成弘州线(见上文)的同言线束的一部分。"脚、月"二词与"昨天"及进行态助词的同言线一致。由此又一次证明,意义上如此不相干的词的界线的走向相一致,并不是语言的因素所致的。

2-3　"夜眼""辕杠""蝙蝠"

"骡子的夜眼""马车的辕杠""蝙蝠",这三个毫无关系的词所具有的共同点是,因为地域上发生的语音变化,发音人搞混了,各个词分别发生了剧烈的词汇上的摇摆。如下文对 c 项所作的说明那样,处于地点 J8 和 O3 之间的村庄成为音变的舞台,因此介音[y]的使用也不稳定。而且,不稳定的不光是语音成分,上述 3 个词中有两个在词汇内容,即意义上也受到了其影响。

（1）"骡子的夜眼"

当地的人相信，马、骡、驴前腿内侧的一块小小的角质部可以当作眼睛用，晚上也能看得见，所以它们在黑暗中也能轻松地走路*①。因而在方言中，给这个东西起了特别的名字，其最通用的名称是在地点Q7所见到的：[ˈieˡ ieˀ]"夜眼"。这一地点离同言线很远，离介音[y]的变化的影响也很远。

而在地点N2和O6的发音人则把它叫作[ˈyɛ ieˀ]"月眼"，也就是理解为如同月亮出来后看到的那样，视力很敏锐**。那么如何来说明这样的变化呢？这儿见到的是一种民间语源，即一种新的解释，是因说话人有想把词义明确化这样一种心理倾向而产生的现象。因为有介音[y]的词[tɕyã]"脚"、[yã]"药"在语音上发生摇摆，以至介音[y]的使用也发生了混乱，连其他词形相仿的词也卷了进去。正如上文所述，在本地的方言中，语素[ie]不单独用来表示"夜"这个意义，在[ˈieˡ ieˀ]这样的语素组合中，"夜"的意义不明确，所以容易发生语音的异化（dissimilation）。也就是说，[ie]处于容易发生音变的状态中，事实上已经卷入了这一地区发生的[tɕyã]/[tɕiã]、[yã]/[iã]等词形的势力之争中了。值得注意的是，[ie]即使因异化变为了[yɛ]，也不是由这个音中固有的纯粹的语音因素产生的。是因为人们下意识地连想起其他的词，这个音也被牵引过去的结果。解释这一变化的关键，只能是词形在地图上的分布情况。

说方言的人还企图进一步对新的成分作出解释。他们赋予新成分以新的定义，其意义和本地关于"夜眼"的传说相吻合。最终产生了[ˈyɛˡ ieˀ]"月眼"这个新词形，第一个音节是[ie]和[y]两个成分构成的语音混合形式（在地点N2、O6，[tɕyã]"脚"中的[y]刚消失；[yã]"药"

　＊　这种"夜眼"迷信在中国很流行，《辞源》也收录了这样的条目。

　①　《辞源》（商务印书馆，1979年版）"夜眼"条："马四肢皮肤角质块，可供药用。晋葛洪《肘后备急方》一用白马尾、白马前脚目治卒死尸蹶，以苦酒合烧吞服。按，脚目即夜眼。《本草纲目》五十'马夜眼'下注：'在足膝上，马有此能夜行，故名。'"

　＊＊　当然，在问有关特定的词的解释时，要特别注意不要让发音人把虚假的说得像真的。这样能避免发音人因为要避开啰唆繁琐的问题胡乱想出一个答案来搪塞的危险。发音人提供的资料，只有在与调查者有较长时间的交往，已习惯了连续的提问方式时，才是完全可信的。我找的发音人很快就会老实地说"我不知道"，而不是用临时想出来的答案应付。

中的[y]在地点 N2 中还存在，而在地点 O6 也刚消失）。说话人在这个新的复合词中加入了"月"的含义（"月亮"本地说[yã¹liɑ̃⁴][yɛ⁴¹liɑ̃⁴]），使这个词在其独自变化的道路上继续走下去，因而其状态会越发不稳定（见下文）。

这一系列的变化正是典型的语义词源（étymologie sémantique）的例子，而如果是语音词源（étymologie phonétique）就不会发生这种情况①。

以上描述了从['iɛ¹ iɛ³]"夜眼"向['yɛ¹ iɛ³]"月眼"转变的过程。作为这一变化的中间阶段，其中有一段时间[iɛ]"夜"已变为[yɛ]，但是新的意义"月"还没有增添进去。在地点 L3 发现的正是这一状态，发音人说的是['yɛ¹ iɛ³]，但他的理解还是"夜眼"。这不是根据凭空想象构拟出来的地域变化的历史，这一语言变化是按上文所述的形式实际发生的。这样，我们在地图上把不同年代的语言状态并列出来，据此就能确切地构拟出一个词的历史来。

（2）"蝙蝠"

我把各个词形再列举一遍如下：

J6　院蝙蝠 yɛ⁴ piɛ¹ fər³　　L3　　夜蝙蝠儿 iɛ⁴ piɛ¹ fər³

O6　月蝙蝠 yɛ⁴ piɛ¹ fər³　　O4—5 夜蝙蝠儿 iɛ⁴ piɛ¹ fər³

地点 O4—5 和 L3 的词形中，[iɛ]理解为"夜"，这肯定是其原来的词形，因为蝙蝠本来就是夜间在空中飞来飞去的。

在地点 J6，由于使[iɛ iɛ]"夜眼"变为[yɛ iɛ]"月眼"的同一个因素的捣乱，由"蝙蝠"的第一个语素[iɛ]"夜"产生了新的杂糅形式（和"夜眼"一样，在意义和声音两个方面都有混杂（hybrides）），最终产生了一个新词[yɛ⁴ piɛ¹ fər³]"院蝙蝠"，即"在院子里飞的蝙蝠"*。而在地点 O6，加入了别的意义，成了"月蝙蝠"了，即"月夜飞的蝙蝠"。两个地点对同一词形作出了不同的随意解释，这说明因为音变而导致发音人

---

① "语义词源"可以日语 kususiyubi＞kusuriyubi（"薬指"，无名指）之类的变化为例（据作者的指示）。kususi（薬師）被废弃不用，其意义也含糊了，于是改换为意义更明确的 kusuri（药）。与此相对的是"语音词源"，指因正常的音变而导致的词形变化。

* 请注意，这一区域辅音韵尾[n]/[ŋ]已完全失去（除了 r 和 z）。如[iɛ]（眼）、[yɛ]（园），完全没有鼻音成分。但在[siø]（心）、[kœ]（根）、[lɑ̃]（狼）、[tuɑ̃]（东）中是鼻化元音。r、z 分别代表名词后缀"儿"和"子"的发音。"子"有时也读[ez]或[ð]。

认识的混乱。其原词形究竟是哪一个？很明显，表示"蝙蝠"的"正统"词形正是"夜蝙蝠"[iɛ⁴ piɛ¹ fər³]。

这儿还有一个新的问题：发音人为什么特别感到有必要对"蝙蝠"这个词的第一个音节作出说明呢？他们对其他许多词不加分析，而为什么偏在这儿就要作出如此的解释呢？索绪尔提出的"语言符号是任意的"的理论难道是错误的？如果能回答这问题，我们一定会对言语活动中的创新和逆向运动现象有更深刻的理解。

事实上，有许多词人们根本没想到要对其作解释。单音节的词也好，二、三音节甚至更多音节的词也好，如前述[niɛ ni kə]表"昨天"，一个词只是表示某种东西的任意符号。但如果某个词属于一个相关的意义组时，组内各个成分通过类推、对比等手段，以某种形式暗示或让人联想起同一组内的其他所有的成分。因此让人根深蒂固地认为同一组词是互相联系在一起的，这样的心理惯性常常成为抵抗语言变化的力量。

看了"蝙蝠"（北京 biān fu）的书面语形式，[iɛ piɛ fər]好像是在这个书面语形式上偶然加上一个[iɛ]而构成的，其实不然。这一地区的方言中有两个[piɛ fər]，一个是"蝙蝠"，一个是"蚂蚁"。"蚂蚁"的各种词形如下（其中地点 J8 的词形是当地通用的）：

J8	ma¹		piɛ⁴	fər	蚂蝙蝠儿
RR3	ma³	ma	piɛ⁴	fu	蚂蚂蝙蝠
E3	ma	ma	piɛ	fər	蚂蚂蝙蝠儿

"蚂蚁"和"蝙蝠"的名称中是都有任意的成分，但那只是词的次要成分，因此有必要让其首要的成分（即让这两个属于同一组的词区分开来的唯一的成分）更明确。首要成分的意义变弱，出现了衰退的征兆，于是就产生了强烈的反抗，以致产生了"月蝙蝠"那样的混杂形式（关于"蚂蚁""蝙蝠"，另请参见第四章：三、"蚂蚁"和名词后缀"儿"、第四章：六、入声词的产生："蝙蝠"）。

（3）"马车的辕杠"

这个词的通常形式是在地点 N2 见到的[yɛ¹ tɕio¹]"辕条"。与此相关的，有[yɛ¹ luə¹ zə]"辕骡子"（指位置靠近车轮的骡子，与走在前面带路的骡子区别开来），这同样也是到处都使用的。

但在地点 J5 的发音人（是车把式）使用了[ie¹ tçio]。在此词中介音[y]丢失了。这是同言线 tçyă / tçiă 和 yă / iă 在这一带引起的语言混乱以另一种形式表现出来了。在应当出现[y]的地方，[y]失落了，而我们在上文刚讨论过不该有[y]的地方出现了[y]。这是同一现象的两个侧面，我们将于下面2—6节仔细讨论其产生原因。

2-4　语言特征由东向西的迁移——入声词的迁移

这儿先指出一个奇特的现象。在我们调查的地区有[ye⁴ ˈliă⁴] / [yă ˈliă⁴]这样一条同言线，即在调查地域的东部"月亮"叫[yă ˈliă⁴]。但在上面我们考察的[ˈyɛ¹ ie³]"月眼"、[ye⁴ piɛ¹ fər³]"月蝙蝠儿"中，"月"都读为[yɛ]①。

但更为基本的读法当是[yă]。说日期时常用这个词（如[tçi yă]"几月？"[ˈvu³ yă]"五月"）。这一读音不光在东部使用，在地图9中的全部地域以及更为广大的范围中都使用。那么发音人怎么会认为[ˈyɛ¹ ie³]、[ye⁴ piɛ¹ fər³]中的[yɛ]表示的是"月"呢？对于他们来说，"月"本来只能是[yă]*②。

首先要注意的是，这样明显的矛盾，从反面证明了发音人的诚实度。他们对所问问题的回答是否老实，他们是否只是敷衍了事应付调查者，如果对此无法确信，从下面这一点就可以知道发音人的诚实了：即毫无关系的多个发音人在不同的地点不约而同地出现了相同的自相矛盾之处，那完全不可能是臆造的。

因而，这是无可否认的事实。接踵而来的问题是如何解释这一点。我的看法是，几百年以来长期延续下来的方言特征的移动和这一现象有关联。我们还没有得到可以追寻其全貌的全部信息，但可以从一些事实来获得问题的答案。

---

① 据最近的方言调查报告，"月"，大同读[yɛ]，天镇读[yaʔ]，与本文所说的东西对立情况基本一致。但大同的南部和西南部，山阴读[yɛ]，怀仁读[yaʔ]。

* [tsu⁴ ye⁴ zə]"住月子"（坐月子）的说法为[ye⁴ zə]（院子）所牵引，常被理解为"不出院子过一个月"。也就是说，这个词发生了独有的变化。

② "坐月子"，《大同方言志》记作[tsuo⁴ ye⁴ tsə]（与普通话同）。

弘州线以东是入声词（这样的词里有促声韵母）充分渗透的区域①。入声词从东向西移动，其速度因词而异。最常用的[yǎ]"月"已经扩展到整个地域。[yǎ ˈliã⁴]"月亮"已达到弘州线一带，但西部还保存着[ye⁴ ˈliã⁴]的读法。从地图9中可以知道，[vǎ zə]"袜子"的移动比[yǎ ˈliã⁴]晚一个村子的距离，而[va：zə]是西部的词形。由以下两个事实，也能知道这一移动是从东向西进行的：

（1）地点L8的村名是[ŋo ʂə]，现在写作"敖石"或"鳌石"，这是个十分神秘的地名。我在村东南的龙潭寺中发现了一块记录修复龙潭寺一事的石碑。这块碑立于1548年，村名写作"恶石园"。此后有多次修复，在1642年和1739年的碑上则写作"敖石村"了。

因而该村最古老的村名是"恶石园"，看了这个村子的情况，就会明白这一描写是再确切不过的了。有趣的是，"恶"现在各处都说[ŋǎ]（弘州线以西是[nǎ]）。因为地名中一般都保留着较古老的发音，这个"恶石园"很可能记录了当时（1548年）的古老发音。那么可以说，在地点L8，在那以前的一两个世纪中，"恶"读[ŋo]（或相近的音），后来为新的形式[ŋǎ]所取代了。而村名中当然保存着古老的发音[ŋo]。后来人们对古音的意义不能理解了，于是就随意用"敖"或"鳌"之类的字来与[ŋo]这个音对应②。

（2）在别处也能找到一些古老的词形。结婚的民间习俗中有复杂的规矩，严格地遵循着传统的做法。这种传统一代代地忠实地维持着，因而下列两个有关婚礼的词中可能保存着古音*。

a）婚前调查婚姻的吉凶，这叫作[xəœ xuɔ̃]。现代的发音人理解为"使婚姻和谐"，本地正式的阴阳师写作"和婚"。而地方志中记载婚姻仪礼时写作"合婚"，现在应该读作[xǎ xuɔ̃]。也就是说，[xəœ]应是

① 要注意的是，从语音规则上看，弘州线以西还保留着入声，这儿讨论的是个别特定词语有无入声的问题。
② "敖""鳌"同音，都读[ŋo]，此处作者假设"恶"有[ŋo]>[ŋǎ]的变化。但从"恶石园"（1548年的碑）到"敖石村"（1642年，1739年的碑）这种汉字写法的变化来看，也能认为有如下方向相反的变化："恶"[ŋǎ]→"敖"[ŋo]。
* 关于这些词及其参考文献，参考P. Serruys(司礼义)神父的研究论文"Les cérémonies du marriages, usages populaires et textes dialectaux au sud-est de Ta-t'oung(Chansi)"（《大同东南部的婚姻仪礼——民间习俗和方言语料》），*Folklore Studies*，1944，3—1，3—2）。

"合"的古音,而短元音的[xǎ]是新起的。(请参阅:宓哲元《察哈尔通志》卷十五2页,黎中辅《大同县志》卷八4页,德浦《丰镇县志》卷六3页)

b) 婚礼结束后,新郎新娘要到新娘娘家回门。女儿回门归来时,婆家要进行庆贺,这样的活动现在叫[xœœ txã]"和堂"。据《广灵县志》,这个词的书面语写法应当是"合堂",所以和上一例一样,"合"的发音也发生了[xəœ]>[xǎ]的变化。(参见郭磊《广灵县志》卷四4页)

从上文可见,有一种语言特征以相当大的规模移动着,在方言地图上可以看到这种移动是从东向西推进的。其中有一个词就是[yǎ 'liã⁴]"月亮"。在有这个词形的地点,[yε⁴ 'liã⁴]已消亡,现在只残存于这一地域的西部。

上面提出的问题,现在已变得很清楚。面对介音[y]的摇摆(并请参见下文2—6)而导致的混乱,方言在[iε iε]"夜眼"和[iε piε fər]"夜蝙蝠儿"中错误地加入了介音[y],让人觉得新词形[yε iε]和[yε piε fər]中包含着语素[yε]"月"。这一成分实际上在这一带是一直存在的,由于在一些惯用语中使用(如"住月子"),所以在人们语言意识的表面之下无意中保存下来。同时也不能排除另一种可能,即[iε]"夜"的元音[ε]的牵引作用有助于在该出现[yǎ]地方仍保留着[yε]"月"。

2-5　声调的作用

这儿,我们来看一下,对自己不理解的词,发音人是如何作出新的解释的。看来,在方言中,人们是几乎不考虑声调的差别的。

先看一下上文列举过的词:

　　夜眼　iε¹ iε³ ：　　黑夜　xə̌ iε⁴
　　月眼　yε¹ iε³ ：　　月亮　yε⁴ 'liã⁴

可见,在语言意识上互相有联系的成分,却有不同的声调,而声调的不同似乎并不妨碍意义上的变化。

考察一下方言结构中声调所起的作用,能发现,存在着相反的两个方面。首先,声调的差异有时会被忽视,如在婚礼上说一些谐音的话时。有些仪礼的形成确实是不考虑声调的作用的。如在男家的门口,新娘要跨过一个鞍子,叫[kuə⁴ nã⁴ zə]"过鞍子",这意味着新娘通

过平安之门,叫作[kuɔ⁴ nǽ¹ mǽ¹]"过安门"。(参见 Serruys(司礼义)的论文,1944：3—1)

　　另一方面,多数情况下,人们对声调的使用是否正确极为敏感。别人犯的小小的错误,不光是单个儿的音节,即使在多音节连读中,声调的变异他们也会指出。如果一个叫[tu⁴ sǽ¹ ˈkue⁴]"杜生贵"的人被叫作[sǽ¹ ˈkue³]"生鬼"的话,他肯定觉得受到了侮辱(地点 N2)。在这个例子中,发音人意识到的是词的不同,不一定注意到那是声调的不同造成的,尽管那是故意改变了声调使然的。

　　还有感觉不到声调有变化的例子。色彩词中使用频繁的最高级重叠式,有确定的声调格式,常以两种格式出现：

　　a) 第 4 声＋第 3 声：　　pe¹　　nɛ⁴　　ˈnɛ³　　白乃乃(非常白)
　　(地点 M5)

　　b) 第 1 声＋第 4 声：　　xɑ̃¹　　lǽ¹　　ˈlər⁴　　黄□□(蜡黄)
　　(地点 J8)

　　在发音人的意识中,这种形容词的最高级是声调相同的同一音节的重复。没有人注意到第二、第三音节的声调有不同。除非有人说错了,但那也只是单纯地认为错误在于和一般的形式不同而已。

　　由此可以明白,有必要彻底地重新探讨汉语声调的概念,至少是声调所起的语言学上的作用。但因为资料还不充足,目下还无法进行充分的讨论。对于本文讨论的问题([iɛ]"夜"和[yɛ]"月"),姑且可以作如下结论：尽管语音上的表达方式各有不同,但在说话人的意识中,声调是作为一种范畴来看待的。

　　说方言的人认为[sʅ¹³ z̩ɔ̃¹]"死人"和[sʅ¹³ ʂue³]"死水"中的[sʅ¹³]"死"是相同的成分;同样,[xə iɛ⁴]"黑夜"和[iɛ¹ iɛ³]"夜眼"中的"夜",[yɛ⁴ ˈliɑ̃⁴]"月亮"、[yɛ¹ iɛ³]"月眼"和[yɛ⁴ piɛ¹ fer³]"月蝙蝠"中的"月"也都是相同的成分[①]。

2-6　同言线 a)和 b)走向的不同

　　从地图 9 中看到的最惊人的事实是,同言线 a)和 b)的走向不同。

────────

　　① [sʅ¹ sue³](死水)是上上相连,第一音节变调,成了阴平。正文所记录的大同东南部方言阴平、阳平相混,所以其变调的实质与北京话的上上相连的变调规则是一样的。至于"夜眼"1+3,"月眼"1+1 是否属于有规律的变调尚不明确。

"脚"和"药"属于同一音韵范畴,而两个如此相似的词为什么不共有一条同言线呢? 我要强调的是,证明语言地理学的基本原则的事实是,每个词都有其固有的历史,这是在罗曼语及其他领域一再得到证实的。这一原则是和过去有关语音法则有一贯性的公式相对立的。旧的公式可以大致表达如下:在某个特定时期的特定方言中,**处于同一状态下**的特定的语音会发生同样的变化。所谓"处于同一状态下",一直是解释为"处于相同的语音环境"的。语言地理学中,"状态"这一词是指语音的、意义的、语法的环境,说话人的感情变化,进而扩大到指人类社会(婚姻、职业、年龄)和历史等真正非语言的各种因素,显而易见,严格意义上处于完全同一状态下的词是不存在的。这意味着,两个词音决不会处于同一状态中,如果有两个词音在各方面都显示出相同的变化,毋宁说是一种例外。也就是说,要把握住现实的状态,必须搞明白各个词的固有的历史。

我们再来看一看[tɕyă]和[yă]。为什么两者的变化方式有如此奇妙的不同呢? 可以从方言地图中找到明显的线索来解释其原因。

首先来观察一下地图上标记的词形。这里不讨论地点 Q7(记录的只是词的一般形式)和地点 L3 的词形(离同言线较远)。在靠近同言线的地点采录到的 7 个词形可分为以下两类:

有[y]的:　　5 个,　无[y]的:　　2 个

很清楚,有介音[y]的词形占优势。请记住这一点。

现在再考察一下,在"脚"和"药"中,有[y]介音的形式([tɕyă][yă])和无[y]介音的形式([tɕiă][iă]),哪一个更强一些;哪一个正在扩展势力,压倒其他形式①。

通过对这两种可能性的探讨,马上就可以判断哪个更符合方言事实。

第一种假说是:

我们假定,先是[tɕyă]和[yă]一起向东移动,[yă]先扩大其势力范围,比[tɕyă]往前多推进了约 10 公里。这样的假说可能马上就会遭到

---

①　根据最近的方言调查报告,"脚"和"月"大同有[y]介音([tɕyaʔ][yaʔ]),天镇无[y]介音([tɕiaʔ][iaʔ]),与本文所说的东西对立情况基本一致。但大同的南部和西南部地区,怀仁有[y]介音,而山阴则是[i]。

反驳。从我们对汉语方言的经验和对法语等有元音[y]（如"nuit"[夜]等）的语言的知识来看，对于原来没有[y]的人来说，要学会这个元音是很不容易的①。如果是[y]向东移动的话，应该能见到对这一侵入的抵抗。但是我们在本章 2—3 中看到的情况是，方言不是对[y]有抵抗，反而明显地是在保持这个介音。甚至在没预料到的地方也出现了[y]介音。

第二种假说如下：

那么以下假说是否符合方言的事实呢？这个假说认为，没有介音[y]的形式，如[tɕiã]和[iã]在向西移动。这时，在同言线的东侧，有介音[y]的词要比西侧少得多，但在靠近边界线的区域，能见到发音人的语言意识对此有抵触。发音人的旧意识努力要维持受到不断挤压的音，并尽量挽救它。只是有时做得并不合适，以致发生过剩反应（矫枉过正），产生了[yɛ iɛ]"月眼"这样的词形。考虑到以下事实，这一假说就更可能站住脚了。

[1]"夜眼"：地点 L3 的[yɛ iɛ]，发音人理解为"夜眼"。尽管语音形式不规则（有介音[y]），但他还是把[yɛ]解释为"夜"。语音上加了个[y]介音，这只是完全偶然的情况，对意义还没有发生影响。

[2]"夜蝙蝠"：在地点 J6 和 O6 说 [yɛ⁴ piɛ¹ fɐr³]。蝙蝠是晚上活动的，其名称的原形中有[iɛ]，谁都明白这还是个"夜"。

以上[1][2]两个词形中，插入了原来没有的[y]介音，这说明说话人的意识中在对这种变化进行抵制。如果这些地方没有发生原有的[y]逐渐消失的现象的话，当地人不会胡乱加进介音[y]的。因此，就"药"和"脚"的读音说，肯定是[iã]和[tɕiã]的形式从东向西移动的。

[3]"辕条"：在地点 J5 说[iɛ tɕio]。在此地的其他地点，这个词都说[yɛ tɕio]（并非地图上标的 N2 一个点）。因而[iɛ tɕio]是一个新词形，这里显示了[y]介音失落的倾向。看起来，这个词形是个孤立的例子，这也就证明了这是个新的变化。

我们还要进而调查一下现存的词语对变化的抵抗力，并探讨能否

---

① 有不少汉语方言没有前高圆唇元音[y]，如梅县客家话、云南、贵州等地的方言。如老南京话"鱼"读[i²]（北京是[y²]）。

以新的事实证实以上推测的正确性。在［tɕiă］和［iă］之间，前者正在衰退，其根据是：

a）"脚"的使用频率当然要比"药"高。作为肢体名称，使用频繁，而且还常用于其他一些事物（如桌子和椅子的脚），在日常会话中要比"药"常用得多。［tɕiă］的高频特点，还反映在由它构成的复合词中。

b）［tɕyă］和［tɕiă］见于很多复合词。如：

tɕiă　ˈpæ̃³　zə　脚板子（脚）（地点 N2）

tɕyă　ˈtsuɔ̃¹　脚踪（脚步声，脚印）（地点 Q4—5）

tɕyă txeu ti³ ɕia 脚头底下（脚下）（地点 M5）

我还记录了以下 5 个跟脚有关的复合词，也是由［tɕyă］或［tɕiă］构成：

	地点 RR3	地点 J6	地点 O3
脚跟	脚后疙蛋	脚后跟	脚后跟
	tɕyă xeu⁴ kə tæ̃⁴	tɕiă xeu⁴ ˈkæ̃³	tɕiă xeu⁴ ˈkæ̃³
脚心	脚心	脚心	脚心
	tɕyă ɕiø	tɕiă ɕiø	tɕiă ɕiø
脚跟和脚心间的弯曲部	脚栏井 tɕyă læ tɕiø		
脚心和脚趾间的隆起部	脚铺子 tɕyă pxu⁴ z	脚铺子 tɕiă pxu⁴ z	脚铺 tɕiă ˈpxu¹
脚背			脚面 tɕiă miɛ⁴

而使用［yă］或［iă］"药"组成的复合词，出现频率高的只有［yă ˈpxu³］"药铺"（地点 Q4—5），有时还听得到［yă ko］（药膏）。

"脚"及其复合词频繁使用，当然其语音上的损耗要大得多。在各种语言中都见得到的现象是，最常用的词容易丢失其一部分成分。从地图上看到的事实也正是这样，与［yă］相比，［tɕyă］的同言线向西推进得更远。

现在对上述各项解释作一归纳，我们能确认以下事实：

（1）虽然属于同一音韵范畴，但［tɕyă］/［tɕiă］和［yă］/［iă］两条同言线并不一致。

（2）在边界地区的方言中，不按规则地在词中加入了介音［y］，这是对介音消失的一种反弹。

（3）"辕条"一词,按规律应该有[y]介音,而且多数点都有这个介音,但即使在这种词语中,[y]介音也开始出现消失的倾向。

（4）"脚"及其复合词使用频度高,因此跟"药"相比,容易发生语音上的损耗。

从以上的事实出发,可以构拟出一部分地域方言变化的情况,即[无介音 y 的]入声词从东部向西部移动,压倒了西部原有的词形,但是其推进的状况是因词而异的。使用频率高的词"脚"[tɕyă]/[tɕiă]受到这一变化的影响最大,其同言线比"药"[yă]/[iă]的同言线推进得更快些。

三、结   论

对于上文讨论的现象,可能有人会认为只是对极其有限的地域有意义。但是,这里贯彻的语言学的方法和原则却是超越了这一范围的。以下简单陈述其中特别重要的几点。

3-1 方法论

在方言研究中使用地图,基于下述两个考虑:

（1）如果两个与语言特征有关的词形的分布领域是一致的话,不可能是偶然的结果,是和许多要素有关系的。

（2）各种语言现象在地理上处于相互依存的关系中,各个词形通过个人之间和团体之间的关系互相产生影响。

这样,通过方言地图本身,我们能发现一些新的语言事实。依据这些事实,我们能以更接近活的语言实际的形式,比过去一直沿用的方法更确切、更正确地来构拟词的历史。

事情不仅限于此。方言地图不仅能帮助我们研究,还能帮助我们发现过去被忽视的许多新问题,通过对这些问题的探讨,能更深入地探究语言变化的本质。如果能够在相当广泛的地理范围内对这些问题进行研究的话,一定能获得更大的成果。本研究也许是首先把这一新原则运用于汉语语言学的,但研究对象只局限于一个很小的地域,其成果不可能导致汉语史的研究发生革命。要根据在一个乃至几个县的范围中收集到的资料,追溯到某一个词的完整的历史,才能期待获得这样的成果。因此,最紧迫的课题是,在多个地点,有系统地采集能确切认定地点的语言资料①。

3-2　原则

　　从本研究中得到的一项最重要的语言学原则是:方言的许多变化基本上是在该地区独立地进行的(也就是说,是该地区固有的)。

　　第 2 节中,我们考察了带介音[y]的词的演变情况。这样的方言差异完全是因地域的原因而产生的,甚至影响了词的意义。也就是说,词汇在语音和意义两个方面都发生了相当大的地域性变化,结果是导致了词形及词义大变,其结果甚至导致割断了汉语历史演变过程的连续性。

　　关于日叶龙《法国语言地图》的功绩,伟大的印欧语言学者 A. 梅耶指出:"当然,我们应该避免作过于极端的解释,在一定程度上,我们能说,这本著作追溯到了法国各地村庄的语言从古罗马时代至今的固有的发展过程。"(A. Meillet: *Linguistique historique et Linguistique générale*(Ⅰ)《历史语言学和普通语言学》,巴黎,1921 年,306 页)日叶龙甚至更进一步说,在法语方言中,其来源不能追溯到拉丁语的词形很多。这也正是从本文所探讨的事实中能引出的符合逻辑的结论。也就是说,词的意义发生了变化,其发音则借用了在历史上毫无关系的其他词的形式。[yɛ iɛ](夜眼)中的介音[y]就是这样的例子。

　　第 2 节中,在说明 7 个村子(J6、L3、N2、O4、O5、O6、Q7)的方言词形时,列出了蝙蝠、蚂蚁、辕杠、夜眼、药、脚及其各个构成部分、袜子、月亮、院子等意义上毫不相干的词。初看起来,这也许很奇怪,但正是这些词在方言的创新中都起着实际的作用。

----

　　①　下面略去了一节,原文介绍了周边地区(原察哈尔、热河两省)"蝙蝠"的词形和民间语源的情况(根据 R. Léva(杜维礼)和 J. Mullie(闵宣化)的资料):1) 把[iɛ]解释为"夜"的有:张北县南壕堑(今河北省崇礼县);2) 把[iɛ][iɛn]解释为"盐"的地点有崇礼县西湾子(今河北省崇礼县)、老虎沟(今河北省承德地区,位置不详)、朝阳(今辽宁省)、深井(今辽宁省建平县)。关于第 2)种情况见本书第四章第六节。

　　因而,现代方言的词形未必能和古代汉语的某个特定的词有直接的派生关系。我们举一个具体的例子来说明。先简单回顾一下这个地方指"昨天"的各个词形。这些词形都是深深扎根于当地方言的,大同东南地区的农民中,懂[tsuǎ]"昨"这个书面形式的人,就像阿尔卑斯山上的登山导游懂得英国旅游者说的"Thank you"一样,感觉是同样的。这也就是说,只有当地的词形才是代代相传的本地语言的现实。从这些地方词形,可以追溯好多个世纪的历史。如果这样追寻下去,能碰到过去存在过的某种断裂吗? 这个地域曾经有过大量的移民流入,居民的更替吗? 确实的情况是,公元 1000 年以来,这个地区的居民成分并无值得注意的变化,即使有个别移居进来的人,也很快被当地人所同化、融合了。(参见第二章:2—4 居民的来源)

　　另一方面,也难以想象,表示"昨天"的一系列词是在近代从外部带进来的,因为在整个晋北和河北、内蒙的部分地区(原绥察两省,都是山西省居民移居开垦的地区)都有类似的词形。

　　这种回溯几个世纪而描绘出的景象,跟中国的文献语言学所描述的形象是迥然不同的。文献语言学所主张的是,"中古汉语"(即公元六世纪说的话)的"昨"读作[dzʻɑk](高本汉的拟音),其词形连续不断地传播,直至几乎覆盖整个中国。那么,笔者所采集到的方言词形是起源于何处的呢? 其直接的祖先应当是公元 1000 年时在这一地域唯一所知的几个词形。作为现代词的源头的词形,有时也能在文献资料中得到证实。如从汉字"敖"中能看出"恶"的古音来(参见本章 2—4 节)。但是可能也有无法证实的。现代中国的文献语言学的错误不在于依据文献做研究,而在于要在方言中找出和书面汉字相对应的词。这一做法是以汉语变化有连续性这一点作为前提的。但是事实却彻底否定了这种连续性。要建立起可靠的历史研究,只有唯一的一个方法,那就是进行以现代方言为证据的语言地质学的研究。

　　最后要说的是,中国的文献语言学(philology,即依据文献进行的语言研究)在最近 30 年来取得了很可贵的成就,而中国的语言学(linguistics)还只是刚起步。对于方言的活的词形进行语言学的研究,今日中国的现状相当于 19 世纪中叶法国和德国的状况。一切还有待于未来。

第四章　宣化地区的语言地理学[①]

一、调查区域及其语言

察哈尔省是1928年从河北省中独立出来的，1952年被撤消[②]。我是于1947—1948年间开始对该省的方言、民俗及历史进行调查的。关于这一过程，请参见本书日译本序[③]。

1948年7月7日到8月30日，我们步行调查了宣化县北部的四分之一地区。在地图上，只标示了其中的一部分。我们访问了这个区域所有的地点(即全县420个村中的115个)，进行方言调查的是以下63个村子。其中3个地点(A1、B1、B3)属相邻的万全县(读音特殊的地名用字加上拼音)。

A1 石头屯
B1 高家屯
B2 七里茶房
B3 前屯
C1 沙滩
C2 陈家房
C3 二台子
C4 清水河
C5 鹄鹑(hu du)地
(译按：第二字王辅世写作“突”，没有“鸟”旁。)
D1 老鸦(wa)庄

---

① 本论文原载《历史语言研究所集刊》29本(赵元任纪念论文集，1958)，因此文中多处引用赵元任的研究成果，本书删除了一部分类似献辞的词句。

② 旧察哈尔省辖张家口市、大同市、宣化市、雁北专区(含大同县、浑源县、阳高县、朔县等)、察南专区(含宣化县、怀安县、天镇县、万全县等)、察北专区(含张北县、崇礼县、尚义县等)。1952年11月15日中央人民政府决定，大同和雁北专区的全部以及天镇县划归山西省，其他归河北省管辖。

③ 详见贺登崧(1950b)。原文还介绍了一起进行调查的王辅世，内容大多与本书作者序重复，删去未译。

D2 宁远堡(bu)

D3 姚家庄

D4 姚家房

D5 骆家房

D6 井儿房

D7 刘家坑

D8 西榆林

D9 东榆林

D10 屈家庄

D11 南庄子

E1 北甘庄

E2 梅家营

E3 何家沿

E4 殷家庄

E5 大辛庄

E6 大仓盖

F1 西旺山

F2 东旺山

F3 李家庄

G1 南新渠

G2 太师湾

G3 陈家庄

G4 沙岭子

G5 宋庄子

G6 朱家房

G7 八里庄

H1 定兴堡(bu)

H2 双庙子

H3 蔡家庄

H4 路(lou)家房

H5 元台子

H6 赵家窑

H7 姚家坟

H8 北楼儿房子

H9 杏树湾

H10 马家窑

H11 宣化

I1 东泡沙

I2 下葛峪

I3 姚家营

I4 后幔岭

I5 东深沟

J1 二台子

J2 侯家庙

J3 红庙子

J4 赵家营

J5 土山洼

J6 泥河子

J7 徐家房

K1 小幔岭

K2 大幔岭

K3 佐家营

K4 北台子

K5 半坡街

进行过民俗学调查的全部地点清单参见贺登崧(1951a)的报告。被调查区域的人口约 3.6 万人。此外，县治宣化市(H11)有约 3 万人口。因为城区的语言受到外来人口的影响，为了避免这样的影响，我们选了邻近城区的村子 H8、H10、J1。同样，我们选择 A1、B1 作为张家口市区的代表。以上地点请看附图。张家口市在地图的西北角,当时人口是 15 万人,行政上属相邻的万全县管辖①。为了显示具体距离,我们把公里数写在地图的左下角。整张图(指内框中的范围)横约 37 公里,纵约 45 公里,共计约 1 680 平方公里。宣化市往东南方向走是北京市,直线距离约 142 公里。

＊　　　　　＊　　　　　＊

大致上说,宣化县北部的方言属于晋东北方言的系统。这一方言是从宣化以西 200 公里处(即大同)开始的,而从宣化向东往北京方向,其特征逐渐减弱。具体的语音特点参见本书的"发音与标记法"部分。

说北京话的人与当地人日常交际时,最大的障碍是元音和入声。调查的第一周,我得为同行的学生王辅世作翻译。他毕竟是语言学专业的学生,掌握了语音的对应规律后,马上就熟悉了宣化的方言。当然,我说的不包括词汇差异,尤其是与农村生活有关的特别的词汇。

在调查时我们制成了下面的词表。我们希望在这些词中能发现较多的方言的词汇差异。

1 蝴蝶	2 喜鹊	3 啄木鸟	4 蜻蜓
5 蜥蜴	6 蚂蚁	7 蚰蜒(灰色)	8 蝙蝠
9 蜣螂	10 青蛙	11 蝌蚪	
12 蚂蚱(一种大,绿色;一种小,褐色)		13 我	
14 我们(排除式)		15 什么?	

二、"我"和"我们": 复数形式更古老(地图 10)

汉语口语中,单数第一人称代词只有一种(习惯上,在实际使用时这个代词常完全省略),复数形式则有两种,即排除式(exclusive)和包括式(inclusive),北京话分别为"我们"和"咱们"②。在会话中也可省

---

① 张家口市民国时期属万全县管辖,1947 年独立成市。宣化市(市区)于 1955 年撤销,1960 年又恢复市制,1963 年再次撤销,成为张家口市的一部分。宣化县也于 1984 年后归张家口市管辖。

② 部分汉语方言中,第一人称复数有包括式("咱们")和排除式("我们")的区别,这主要是淮河以北的北方方言区域和福建省为中心的方言区,从总体上看,还是属于少数。

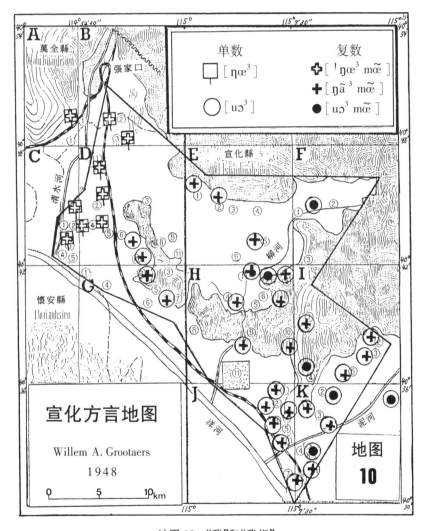

地图 10 "我"和"我们"

略,但是这种情况比单数要少。事实上,这两种复数形式的使用频率只相当于唯一的单数形式"我"的一半。

在宣化地区,引人注目的事实首先是,单数第一人称有两种形式:西部是[ŋœ³],只分布在张家口南部一处(地图上用方框表示),其他地方则是[uɔ³](圆圈)。这条界线好像很确定,地点 D6 是在[uɔ³]分布地域的最西端,这个村的人早在 200 年前就信奉了天主教,该村的村民则把[ŋœ³]看作异教的标志,因为邻村 D5 用[ŋœ³]不用[uɔ³]。在这里,信仰和语言这两个文化的要素正巧有相同的边界,在说当地方言的人心目中同一化了。而这实际上只是一束方向一致的方言界线中的一条(参见地图 19)。

在大同地区的调查中,也发现那里横贯着[uɔ]/[ŋœ]的分界线,但是分布方向和宣化相反,即东为[ŋœ],西为[uɔ](参见第二章:1—2 同言线,同言线 15)。[ŋœ]在察哈尔省,分布在万全、怀安、阳原;在晋东北,分布在天镇、大同。这一宽 80 公里的地带两侧,则使用[uɔ](读短的高调,和北京的[214]调不同)(参见卷首地图,以及贺登崧(1952c))。

＊　　　　＊　　　　＊

复数的包括式,虽然方言发音([tsa mœ̃])不同,词形却和北京相同,同为"咱们";而复数排除式则相当复杂。

地图上的空心十字表示复数的['ŋœ mœ̃]。在西部,[ŋœ]的分布区域,单数和复数的对立只是后缀[mœ̃]的有无,形式比较单纯。除了发音不同外,这和北京话的系统相同。但是这一地域的东侧,单数是[uɔ],复数则是['ŋã mœ̃](前一音节为重读的,其中的[a]是短元音)(黑色十字)。其中有个有趣的变体,即 D10 和 H1 两点的[ʔã mœ̃]带有喉塞音[1]。

我们调查的这个地域中,复数形式大多使用['ŋã mœ̃]或[ŋœ mœ̃](译者按,原文没有[ŋœ mœ̃],特补上),直到最东部的村子时,才知道南(I4, K2, K4)北(F1, H1, H2)都有单数[uɔ]和复数[uɔ mœ̃]配对的(圆圈中有黑点者;在地点 H1 得到两种回答,所以是混合

---

[1]　原文的地图不合正文的说明,译者之一岩田礼曾向贺氏请教过这个问题,似乎正文是对的;又,贺氏的[ŋã](原文),王氏写作[ŋa](无鼻音成分)。

的符号）。在本地图以东 8 公里处的村子遇到一位同样的发音人，所以用相同的符号把这一点记在地图右侧边缘。

＊　　　　　＊　　　　　＊

［cu］这一形式在单数中比在复数中用得多，这一事实说明，单数的［cu］正在急剧地扩展。它逐渐地把单数的古老形式［ŋoe］驱逐出去，但是尚未渗透进复数的古老形式［ŋɑ̃ mõe］。因为这一演变的结果，原本规则的单数和复数的对立（"零/们"，即有无后缀"们"）成了［cu］和［ˈŋɑ̃ mõe］这样毫无规则的对立。从长远看，这样的情况是不稳定的，因为第二、第三人称还维持着"零/们"这样的成系统的对立。

因此，可以说，这一地区东部产生的复数形式［uɔ mõe］，未必是东部广大方言区域（如以北京为代表的［ou］/［uo mən］地域）的先驱，也可能是地理上分隔开的某个方言本来就使用单数形式［cu］，在此基础上再构成了自己的复数形式［uɔ mõe］，独自使用起来。

三、"蚂蚁"和名词后缀"儿"（地图 11、12）

汉语口语中，有附加在名词（substantives）后的指小后缀（diminutive suffixes），最常用的是"子"［- zə］和"儿"［- œr］。各个方言有自己的固有的指小用法，如北京说"会儿"［xuœr］(a moment)，赵元任、杨联陞编的《国语字典》（*Concise Dictionary of Spoken Chinese*，Harvard Univ. Press，1947）把"会儿"标为"B—1"，意味着"会"是个黏着形式，必须和"儿"连用①。同一个词在别的方言里就说成"会子"。一般，在同一方言中，一个名词的指小后缀是不能互换的。当然也有名词不用指小后缀的。

蝌　蚪

在宣化地区，这个词有两个形式：17 个村说［kə˩ tœr］"蝌蚪儿"，38 个村说［kə˩ touð］"蝌蚪子"。这两个形式在地图上互相渗透，看不

---

① 吕叔湘《中国文法要略》（1982 年商务印书馆再版）§1.61 举了"子"、"儿"、"头" 3 个指小词，其中"头"最固定，"子"也相当稳定，"儿"字比较自由些，常常可以随便，如"字"和"字儿"。有些名词加"子"或加"儿"，意义无甚分别，如：格子＝格儿；有些有大小的不同，如瓶子（大）、瓶儿（小），有些竟是两样东西，如座子（钟座子）、座儿（座位）。

地图 11　"蝌蚪"和"喜鹊"

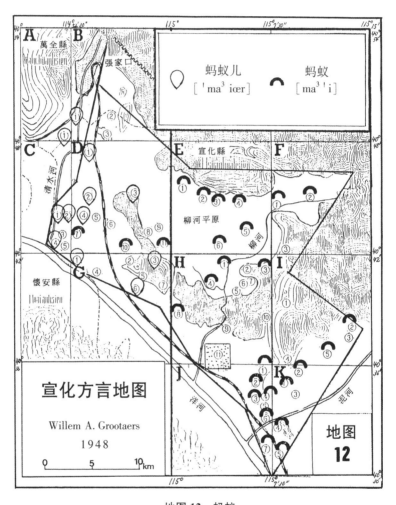

地图 12　蚂蚁

出明显的地理分布。这个词看来似乎可以自由换用两个指小后缀"子"和"儿"。另外还有几个很有趣的不同说法：

G2：[muɔ¹ ʂouð³]　　木勺子

E1：[iu ʂœ⁰ ʂœ⁰]　　有生生

E2：[muɔ ʂœ⁰ ʂœ⁰]　末生生

请注意，在地图 11 中，A1、B1、B3、D4 等村是用重叠形式[kə¹ tou tou]"蝌蚪蚪"的。这一现象和下面的"喜鹊"相仿，请比较。（译按："蝌"不送气，参见王辅世《宣化方言地图》11 节。《大同方言志》68 页作"丫蟆圪[kəʔ]蚪子"。）

喜　鹊

在宣化，多数地区叫作[ˈɕi³ tɕia zə]"喜鹊子"（重音在第一音节）。这个例子中，后缀"子"似乎是不可缺的，例外有：（1）C4、D1、J3、J4、K3 等村用"儿"尾，（2）A1、C1、C2、D11、H7、I5、K1、K2 等村不用指小后缀。

总之，"喜鹊"和"蝌蚪"一样，在使用这两类指小的后缀时，并没有一定的模式。

但是，这一带还有重叠式，其分布区域大致上和"蝌蚪"一致。（地图 11）把"喜鹊"叫作[ɕi³ ˈtɕia tɕia]"喜鹊鹊"（重音在第二音节）的村子是 B1、C5、D1、D2、D3、D10、G3、E1。除了 B1 外，"蝌蚪蚪"项下列举的各村都不在内，但是其分布区域是基本相同的。即从张家口南开始，顺着清水河南进，然后向东到丘陵地带为止的区域。因为北半部充当供灌溉用的水渠，这一带的清水河常年干涸（夏季雨水多时是例外），平时当作道路使用。关于这一地区，下文在地图 12、15、18、19 中还会论及。

＊　　　　　＊　　　　　＊

在地图 12 上，"蚂蚁"的分布清楚地分为两个区域。西部是用指小后缀[-œr]"儿"的[ˈma³ iœr]"蚂蚁儿"（重音在第一音节），东部和南部则是不用后缀的[ma³ ˈi]"蚂蚁"（重音在第二音节）。地图上的两个词形是同一词的不同的词汇变体，它们互相影响。西部的[ˈma³ iœr]势力逐步扩大，绕过几个村，越过连接 D3、G3 的小山，正在向山水包围中的柳河平原发展。

在说话者的语言意识中,有无指小后缀之类明显的差异可看作一般的规则。但是"蝌蚪""喜鹊",还有"蜥蜴"(参见地图 18)却是例外。根据辅仁大学的学生 1947 年春在北京城区进行的小型调查,多数发音人严格遵守指小后缀的使用规则,即使是两种形式并存的情况,也只是因为青年和老年辈分的不同而产生的。我期待着中国学者对这一问题作出全面的解释。但是即使是吕叔湘的《中国文法要略》(三卷本,1942—1944 年),也只是提到了这一问题,并没有从统计的角度进行分析。

让我们从更广的角度来看"蚂蚁"的地图。在大同地区的调查中,我找到的蚂蚁的名称有[ma piɛ fœr]"蚂蝙蝠儿"和[ma ma piɛ fœr]"蚂蚂蝙蝠儿",我的朋友桥本万太郎①说,大同西南的朔县叫作[ma pjǐ fœr]。上文我曾说过,在大同地区,[- piɛ fœr]这一成分还是"蝙蝠"的名称,宣化也一样。(参见下文: 六、入声词的产生:"蝙蝠",地图 16)

如果说,在这一地域以西的广大区域,把[ma piɛ fœr]当作"蚂蚁"的名称,那么,现在宣化地区使用的[ˈma iœr]和[ma ˈji]并不属于这一系统,却和北京的"mǎ yi"有关系。

四、"蝴蝶"与"蟋蟀"有什么
共同之处?(地图 13,14)

赵元任教授在《国语字典》中,把"蝴蝶"标为文读音 húdié,口语音 hùtiěr。除了声调不同,还有送气和不送气的对立。(译按:原文是国语罗马字的拼写法: hwu-dye 和 huh-tieel,但是注明"both reading pron.")

一般的白胡蝶,在宣化一般叫[ˈxu¹ tiœr³](胡蝶儿)(地图 13 中的圆圈)。有的村子(西部的 D6、D7、G5 和南部的 J6),第 2 个音节声母

---

① 据作者的介绍,桥本万太郎 1955—1957 年间在东京大学读硕士课程(中国语言文学专业)时,常去拜访贺登崧神父,与贺先生分析 Serruys(司礼义)神父和 Rene Léva(杜维礼)的语料。桥本的硕士论文是《晋语诸方言的比较研究》,20 年后发表于《亚非语言文化研究》12、13、14 号(1976—1977 年)。当时桥本考虑问题的思路见其论文的"序论",由此可见,他虽然沿用了中国大陆流行的方言调查方法,但显然也受到了贺登崧的强烈影响。参见《桥本万太郎著作集》三卷(日本内山书店,2000)。

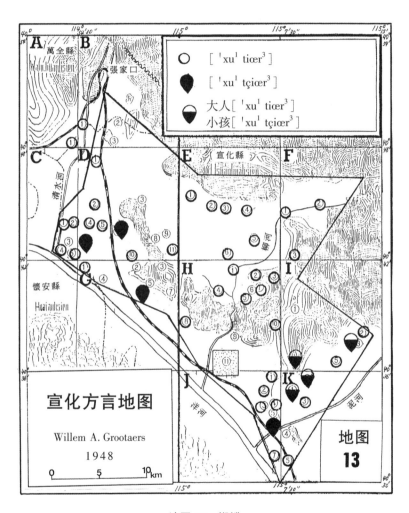

地图 13　蝴蝶

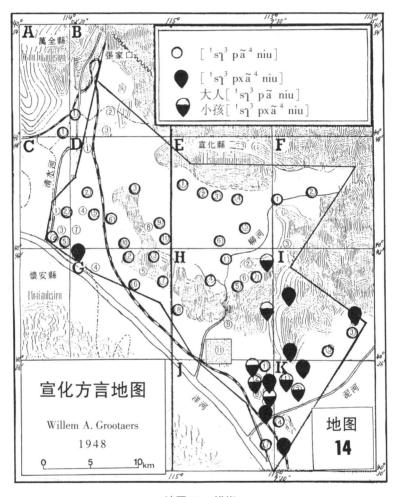

地图 14　蛣螂

是送气音(这个地区读作有强摩擦的[ç])。另外 4 个村子(I3、I4、K1、K2)里,孩子们的发音伴有这种摩擦,而大人则用无摩擦的发音。这样的情况我们在地图上用半黑的记号表示。其中在 K2 一点,孩子们两种发音都有。但是不管哪一种情况,这两个音节的声调不变,总是"阴平＋上声"。

＊　　　　＊　　　　＊

对于地图 13,还有必要作进一步的说明。在此前,先要提一下黑色屎壳螂这种更为微贱的动物。这种甲虫中,有一种较大的、形似坦克的类别。为什么有这样的印象呢? 也许是因为笔者熟悉的大同方言中把它叫作[txã⁴ kə lã](坦克螂)的缘故。更常见的是另一种较小的起清扫作用的类别。它们把动物的粪便滚成一个大球,在其中排一个卵,然后埋入土中,待明年春天孵化出幼虫来。文言中把它叫作"蛣蜣"。西晋人郭象为《庄子·齐物论》作的注称赞它说:"蛣蜣之智,在于转丸。"①

请看地图 14。这种虫在宣化地区叫['sʅ³ pã niu]"屎膀牛","膀"可理解为翅膀。"牛"这个语素可与其他语素结合,指一些胖乎乎的或圆鼓鼓的虫子②。

这儿还有许多地点出现了带强舌根摩擦的送气音声母的形式['sʅ³ pxã⁴ niu]。这一词形在西部只有 G1 一个地点。在南部和东部,以下地点也有同样的发音:I1、I2、I4、J4、J6、K2、K5。最后,还有一个值得注意的、与"蝴蝶"的地图有相似之处的问题,即在以下地点大人和小孩的发音不同(大人不送气,小孩送气):H3、H10、J2、J3、J5、K1、K3。

＊　　　　＊　　　　＊

现在,我们把地图 13 和 14 放在一起看一下,不能不得出一个结论:在自然界也好,在语言中也好,互不相干的两个词产生相同的结果,其中有一个共同原因在起作用。无论如何,新的形式(送气音)是

---

① 出自《庄子·齐物论》郭象(西晋时人)注。"蛣蜣"同"蜣螂"(见《尔雅·释虫》)。

② 语素"牛"的这种意义,最典型的有"蜗牛"(大同方言也说),《大同方言志》还有"蟑母牛"(蟑螂),《天镇方言志》有"大胖牛"(虱子)。《大同方言志》中"蜣螂"又叫"屎巴牛"或"粪牛儿"。

新近带进这一地区的。这一形式是年轻人使用的,就是一个证据。另一个证据是,我们能看出旧形式(不送气音)分布的地区在四周受到了挤压,这也证明不送气音的形式是原形。也不妨设想地图南侧和西侧的未调查部分是一个使用新形式的广大区域。在地图的西边有一些散在的、孤单的新形式,那肯定是从南方及西方传播过来的。

这儿我想指出的最重要的一点是,送气音形式在这一地区的产生,不是来源于内部的语音变化,而是出自**借用**。年轻一代开始使用新形式只不过是给这种昆虫一个全新的名称,而不是因为不送气音变为送气音的缘故。同样的情况在下文的地图中也能看出来。于是,下一个疑问是,这样的一些形式到底是从哪里来的。

需要指出,这种变化绝不是北京话影响所致。宣化地区 1937 年以后曾被侵华日军统治了 8 年,1948 年还处于内战时期,当地学校的教学无法正常进行。我们在调查中遇到的小孩还没有机会通过学校教育或北京话的影响学到新的词语形式。首先,宣化与北京之间有三个大县,还有一些山陵;其次,北京虽然有 hùtiěr"胡蝶儿"这样的送气音形式(见于赵元任、杨联陞编的《国语字典》),但在"翅膀"chìbǎng 这个词中,"膀"并不读送气音。

＊　　　　＊　　　　＊

这种详细的方言调查能发现并解释某个地域正在逐渐产生的、难以置信的词形变体,确实是很精彩的。但让人困惑的是,我们在宣化周围进行的有限的调查中,虽然把旧的问题解决了,但又冒出了更多的新问题。比如,众所周知,这一地区的农村,小孩在幼儿期的几年间完全是只在母亲和祖母的影响下成长的,因此所学得的完全是母系社会的语言(参见第一章:"七、发音人")。于是,我们就想知道这一地区东部的农民是从哪儿娶妻的。因为那对于了解新词形入侵过程是很有用的。遗憾的是,现在还没有充分的信息来完全说明这些地图。

最后还有一点:张家口及其周围地区似乎比较保守,但在宣化已容忍使用"蜻蜓"的一些新词形了。考虑到宣化作为县治所具有的影响力,可以推测,这个新词形将有可能更进一步扩张其势力。

五、"蜻蜓"用什么汉字记？（地图 15）

在宣化地区"蜻蜓"的最常用的说法是[ˈsue³ tɕiœr¹]（水蜻儿），有 36 个村子（地图上用半黑的花儿表示）；其次是[ˈsue³ tɕʅ⁰]（水蜻），有 9 个村子（黑的花儿）。要对这些名称作分析很容易。第一个音节是"水"，因为语音上与北京的 shuǐ 相对应。整个词的意义是"水上的[tɕiœr]或[tɕʅ⁰]"。因为夏天蜻蜓聚集在水面上飞，孩子们到那儿去捕捉它们。但识字的人要把第二个音节写成"蜻"就会有点儿犹豫，因为在北京，这个字读送气的 qīng，而这个区域却读成不送气的音。但有两个地点（D4、D7）分别使用送气音的形式[sue tɕʰiœr]或[sue tɕʰʅ⁰]，由此，我们有充分的把握把它写成"蜻"，这肯定就是书面语中写作"蜻"的词。

这儿把"儿"尾的用法与第 3 节中提到的例子比较一下。在"蜻蜓"这个词中，"儿"尾的加与不加并没有严密的规则，我们可以在地图上看出，无"儿"尾的词的分布并没有秩序。

关于"儿"尾还有一点要说。在北京，有后鼻韵尾[ŋ]的音节，儿化后，[ŋ]脱落，但元音鼻化，还保存着鼻音成分。而在宣化，只有 4 个村子（D11、G7、H4、H8）保持这种读法。多数村子里，随着儿化卷舌作用的发生，鼻音就消失了。如果考虑到本地方言鼻韵尾几乎都不发音的情况，那也就是理所当然的了。

＊　　　　＊　　　　＊

这儿再说一下这幅地图中最有趣的特征。有 6 个地点有前高圆唇的介音[y]，即 A1、B1、C5、D1、E1、G1 的[tɕyœr¹]（其中 D1、G1 读[tɕyr]）。它们都处在万全和张家口影响所及的区域。

从语音学上看，可以认为介音[y]是受圆唇元音[œ]与卷舌音[r]的双重影响而产生的，由于圆唇成分加强，在 D1、G1 进而产生了单韵母[y]。

但是在说方言的人看来，因为这一变化导致"蜻蜓"的第二个成分纳入了新的意义范畴。从与北京话的对应关系来看，可以把它与北京的 juan（如"卷"）类和 ju（如"橘，锯"）等有前高圆唇元音的词归为同一类。不过这些纯粹是假设的例子，因为宣化附近"卷"和"橘"不加"儿"尾（不过这一点还没有得到检验）。我在这儿想说的是，如果要求发音

地图 15　蜻蜓

人把［sue tɕiœr］的"儿"尾去掉的话，他会发成［sue³ tɕ̺ʅŋ］的；而在使用
［sue tɕyœr］形式的西部 6 个地点则会读成［tɕyɛ］（与"卷、圈"相应）或
［tɕy］（与"橘、锯"对应）。

　　直截了当地说，我们不准备用文字来解释方言，因为我们在追索
语言变化时，方言与文字所表示的事物所走的发展轨迹是不同的。这
一点在下面还要进一步阐述。

六、入声词的产生："蝙蝠"（地图 16）

　　古代汉语有 4 种声调。其中第 4 种历史上叫作入声，现代北京话
中已消失。这是北京四声中所没有的，所以也有人把它叫作第 5 声①。

　　有入声的词，在古代汉语中是有 - p，- t，- k 类韵尾的，现代的许多
南方方言中还保持着这种韵尾。但许多的方言中，塞音的阻塞部位的
差别消失，都发成带喉塞(ʔ)的短元音，有的只是保存独立的调类，连
喉塞音和短元音也没有了②。

　　要提请诸位注意的是，这是从历史角度说明问题的。按惯例，一
个语言学者在一个方言中找出几个不同的声调后，就要指出它与古代
汉语四声的对应关系，并找出能说明一群词如何从一个调类向另一个
调类转化的规则。这时不管哪个方言都难免产生某种例外。如大同
郊区说［mu:⁴txeu］"木头"，"木"应该是第 5 调（入声），就像［kuɜ
txeu¹］（骨头）里的"骨"一样，但这里读成［mu:⁴］，是低升的长调。于
是语言学者要指出，"骨"还保存着入声，而"木"却因词的借用、声母 m
的影响或别的某种原因而转移到第 4 声（去声）里去了③。

---

　　① 本段与下一段前半部分对原文作了简化。关于入声的历史起源，原文引用了赵元
任为 *Matthew's Chinese-English Dictionary*（Harvard Univ. Press）写的"发音指南"中的话。
　　② 保存 - p、- t、- k 韵尾的主要是粤、闽南、客家等方言。另外，赣方言中保存了 - t、- k，
闽北方言中只残存着 - k。- p、- t、- k 是一种不爆破的塞音。
　　③ 在《大同方言志》中，"木"和同是 m 声母的"目、穆、牧"等音韵地位相同，都读［mu⁴］
（去声），而［muɜʔ⁵］（按本书习惯记为［muɜ］）这个音节是空位。又，北京话中，古入声分派入
了四声，条件很复杂。参见平山久雄《中古汉语的清入声在北京里的对应规律》（《北京大学
学报（哲学社会科学版）》1990 年第 5 期）。

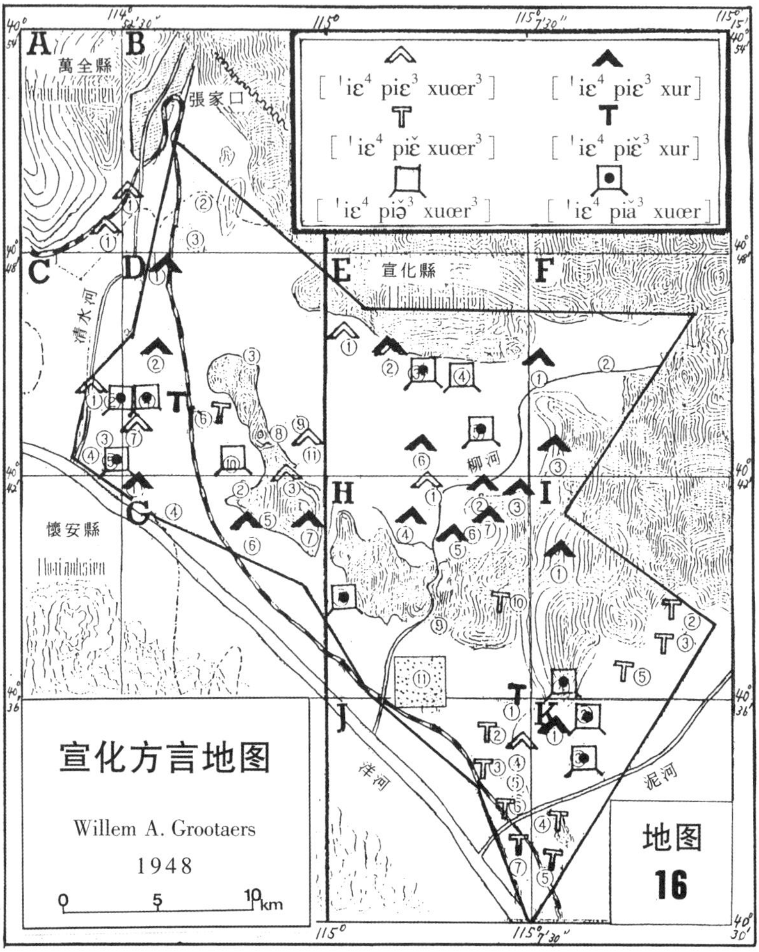

地图 16   蝙蝠

＊　　　　＊　　　　＊

但是，对历史现象作出判断要慎重。下面介绍的是宣化新产生的入声词，这个例子清楚地告诉我们这一点。这样的例子不见于任何韵书，但产生它的原词至今还存在着（见地图 16）。

这一地区蝙蝠叫［ˈiɛ⁴ piɛ³ xuœr³］。一个次要的问题是，最后一个成分，除了［xuœr］外，还可能有［xur］的形式。在地图上，［xur］标为黑色的倒 V 形和 T 字形。两种形式的这种交替，在北京话里是不可能有的。在北京，［xur］［xuœr］分别是［xu］［xun］的儿化派生形式①。

在北京，蝙蝠读作 biānfú。不说［fu］说［xu］的地点，不仅限于宣化。J. Mullie(闵宣化)在热河省的几个地区发现了这个形式②，我在大同也听到过。但是各个方言都加上了修饰成分，热河是［ien］，察哈尔省长城以北的汉族移民也是说［iɛ］的。这一成分在热河和察哈尔都理解为"盐"，因为根据民间的信仰，老鼠吃了厨房里储藏的咸菜（盐菜 yáncài），到夜里就会变成蝙蝠。而在大同和宣化，［iɛ］则被理解为"夜"（参见第三章 2—3 节）③，因为蝙蝠是夜里飞出来。

再看地图 16，有 25 个村子说［ˈiɛ⁴ piɛ³ xuœr³］和［ˈiɛ⁴ piɛ³ xur］（白色的和黑色的倒 V），覆盖了宣化的大部分地区。在东南部有例外，这个词形只在两个村子见到。［iɛ］重读，发音为长的低升调。

其他形式有 3 种变体，元音弱化，都是不重读的央元音。我们在地图上用如下记号表示：

［piɛ］：13 个村（白或黑色的 T 字形）

［piə］：2 个村（四边形）

［piɐ］：9 个村（四边形中有黑圈）

这些变体分散地分布在 3 个地区（西、中偏北、东南），地点 H8 则是孤立的，它们在各个地区的分布都是好几种形式相邻着的，这些分

---

① 这儿暗示说，［xur］［xuœr］的原形都是［xu］。据《大同方言志》(16—19 页)，［u］加上"儿"尾读为［or］［uor］两种，与本书的上述两种形式相当，但没有列出这两种读法的音韵条件。从本书的记述来考察，当是一种自由变体。

② J. Mullie(闵宣化)："Note sur la Chauve-souris"（关于"蝙蝠"的札记）(Sino-Mongolica, Mémoires des Missionnaires de la Mongolie Orientale, Ⅱ, 1, 1921—1922, 33 页)。

③ 蝙蝠，《大同方言志》作"檐耗子"［iɛ² xao⁴ tsɿ⁵］，《天镇方言志》作"夜蝙蝠"［iæ⁴ piæ¹ far］。

别明确地反映着正在发生变化的不同阶段。

一眼就能看出,虽然第一个成分[piɛ]分布数量最多,但是继续存在下去的可能性最低。因为这个变体难以进入这个方言的音系中。在这个地区,存在着如下的对立:

　　[piɛ]:例如:第 1 声为"编",第 4 声为"变"。

　　[piă]:例如:入声:[piă də xuɛ](憋得□,憋得慌),

　　　　　　　　　[ï piă](一百)

在北京,"编"和"变"读[piɛn],"憋"读[piɛ],"百"读[pai]。

[piɛ]是从[piɛ]变为[piă]时必不可少的过渡形式,但在宣化话里,没有容纳[piɛ]的相应的音韵空位。而[piă]作为入声音节则比较稳定。所谓入声,是不重读,带短促调的央元音音节。"百"和"憋"的[piă],以及"蝙蝠"的第 2 音节[piă]都是完全符合这一定义的。

从文字的角度来看方言的人,会直截了当地承认北京话的"百"[pai]和"憋"[piɛ]在宣化话里读为入声。因为这两个词在古代的韵书里都列在入声中,而在北京只是偶然地读成不同的声调:阴平声(憋)和上声(百)。如果说北京的 bian 音节在宣化读成了入声,那肯定会遭到反对的①。

　　　　　　　　*　　　　　　　*　　　　　　　*

以上事实在论述方言调查的方法时是非常重要的。让宣化农民读调查字表这样的做法,应当废止。比如,在中国科学院语言研究所编的《方言调查字表》(1955)中汉字是按照声韵调的音韵范畴排列的,如在 44—45 页上列着"鞭编变辩"②,宣化人一定会毫不犹豫地把它们都读为[piɛ]。但这就是宣化方言的真面貌吗?

还有,在丁声树、李荣编的《汉语方言调查简表》(1956)26 页,也列举了"编边贬扁辩遍"等字。宣化农民如果识字,也一定会读为[piɛ]。这样的调查表只能供识字的发音人使用,正因为如此,语言的实况被歪曲地记录下来了。这不能算是方言学的方法。在罗曼语和日耳曼

---

　　① 关于舒声字在轻声条件下变为入声的现象,参见马文忠《大同方言舒声字的促变》(《语文研究》1985 年第 3 期)、温端政《试论山西晋语的入声》(《中国语文》1986 年第 2 期)、郑张尚芳《方言中舒声促化现象说略》(《语文研究》1990 年第 2 期),以及《大同方言志》15—16 页。

　　② 这儿举的《方言调查字表》的例字原文包含[pɕ]声母的字,与下面一句不相符,已由译者改换了例字。下一个关于《方言调查简表》的例子也作了同样处理。

语的方言调查中所得到的革命性的发现(指新词因民间词源而产生、因同音词的冲突而导致词的消亡等),至今没有在中国产生,其原因多半与这种读汉字的调查方法有关①。

　　如上所述,在大同方言里,有两种"动物"的名称相似:[ie pie fœr](蝙蝠)和[ma pie fœr](蚂蚁)。在大同西南的朔县把蚂蚁说成[ma pǐ fœr],第 2 音节是入声。这显然和宣化地图上发现的情况一样,[pie]的声调从第 1 声(阴平)变为入声。于是就产生了问题:朔县的[pǐ]应该写成什么字?

　　不管是"蝙蝠"还是"蚂蚁",[pǐ]这个成分如何写,并不是新问题,是在汉语文言的整个历史上都成为问题的。符定一编的《联绵字典》第 8 卷申 184 页说:《尔雅》《方言》《礼记》中的复音词"蚍蜉"指大蚂蚁。

　　语言研究所制作方言调查表的先生们肯定也知道这一事实。在 1955 年出版的《方言调查词汇手册》第 15 页有"蚂蚁"一词,先列出北京的"蚂蚁",随后就是其变体"蚍蜉"。前述丁、李两位的《调查表》在第 47 页也举出了这两个词形。

　　这样使用汉字只不过是为了表示语音的简单手法而已,但未受过训练的读者可能因此会产生误解,以为"蝙"和"蚍"代表两个不同的语素(成分),它们在语言演变中走的是两条互不相干的路线。而本章通过对地图 16 的分析,却得出了一个结论:这两者就是同一个成分。这也可以说是一个对语言学家的警告:活的方言正在不断地创造出新的词形,用构拟古代汉语的方法来说明这种词形的企图是徒劳的。

　　最后,关于地图 16,还有一点要说,从[pie][piə]和[piǎ]散布在 3 个分隔开的地域这一事实来看,可以认为这 3 个地区是相互无关的。整个这一地域的方言正在发生一种变化,由此我们可以预测从某一个阶段向下一个阶段演变的语音现象。而且,变化在不同的地点同时发生着。无疑,新的词形将更广泛地传播开来。这幅地图让我们亲眼看到了"音韵规则"这东西的实态。

---

① 本段括号内的部分是根据作者的教示补上的。

七、新词的创制和改造:"啄木鸟"
"蜥蜴"和"蚂蚱"(地图 17、18)

在任何语言或方言里,花鸟虫鱼的方言名称总是一个充分发挥语言创造性的特殊领域,会产生出大量的变体来。其中一个原因是,这样的词语年轻一代用得多,他们富于生动的想象力,也经常有奇思妙想产生。但是,这里还有非随意性(non-arbitrariness)的因素。即这些生物容易被拟人化,名称也能描摹和说明实况,和单纯的任意的语言符号(如"牛"和"马"等)不同。因而经常会产生出改良现有名称、防止因长期使用而导致的信息磨损的要求。

啄木鸟(地图 17)

在北京,这种鸟叫作"啄木鸟"zhuómùniǎo,其意思很明确,就是"啄木头的鸟",结构是动宾成分修饰名词性成分。

这样的构词方式在宣化周围的农村也能见到。地图上的黑色 T 字形表示[pɒ̃³ su⁴ ˈtsxue¹ zə](锛树锤子),[pɒ̃³](锛)是"挖、凿",这个词的意思是"凿树的锤子"。这个名称分布在中部,并由东向西扩展其领域。在中部地区的左上角还有一个派生形式[pã³ʂu⁴ ˈtsxue¹ zə](□树锤子,黑色长方形符号),结构相同,只是动词用了[pã³](打)。要注意的是,这里的"树"说成[ʂu⁴],而不是前面的[su⁴]。声母是[s]还是[ʂ],这样不稳定的词很多。

从历史上看,这两种有关联的名称在这个地域是新近产生的。它们把北边的张家口和南边的宣化县腹地两地还使用的古老的名称(地图上用圆形表示)分隔开来了。这个旧名称的构成方式和新词不同:[pɒ̃³ su⁴ ˈtsxuõ˞ᵐ zə]"锛树虫子",先是动词"锛",后面是宾语"虫子",前面加定语"树"。为什么说这是当地旧有的形式呢?其分布呈断裂状(ABA 式分布)本身就说明了这一点。另外还有如下两点也证明其内部出现了破损的先兆,裂痕正在逐步扩大。

a) 在地点 D1 说[pã³ʂu⁴ ˈtsxuõ˞ᵐ zə](□树虫子)(半黑的长方形)。[pã³]是从[pã³ʂu⁴ ˈtsxue¹ zə](□树锤子)中借用的。这一混合形式能分布在如此偏北的地方,那么在我们没调查过的西部地区肯定

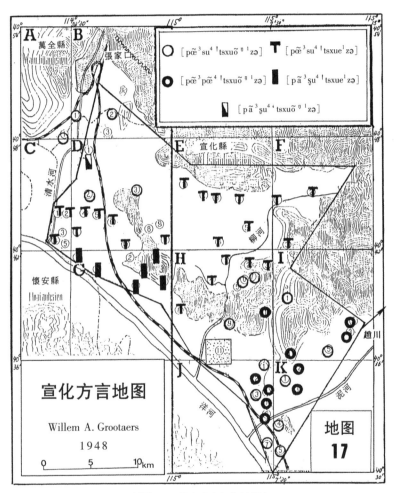

地图17　啄木鸟(宣化地区)

地图 18   蜥蜴

也用[pã³]这个动词。

b) 分布在东南部的多数地点的不是[põẽ³ su⁴ ʹtsxuõ⁰¹ zə]，而是开头是重叠形式的[põẽ³ põẽ⁴ ʹtsxuõ⁰¹ zə]（锛锛虫子）（黑色圆形）。其构成成分的含义已经几乎丧失殆尽，这个讹误形式在这个地区很流行，就如地图所表示的那样，这是受到东边的市镇赵川堡以及通向赵川堡的道路的影响（关于啄木鸟在大同的词形，参见第二章[补遗 2]地图 7）。

在本章中这是重叠形式的第 3 次出现。喜鹊在张家口附近叫[ɕi³ ʹtɕɕia tɕɕia]（喜鹊鹊），后两个音节重叠，在同一地区蝌蚪叫作[kə¹ tou tou]（蝌蚪蚪）（见第 3 节，地图 11）。李方桂教授指出，名词重叠只用于指父母等受尊敬的人①。这是就北京话而言的，但也适用于许多北方方言。在这个方言里，这一用法更为扩大，还用于鸟和虫，这可能是一种拟人化的表爱方式。

蜥　蜴（地图 18）

蜥蜴的名称，在北边沿着通往张家口的路边有 4 个村子叫[ʹtʂxœ¹ sœr³]（车蛇儿，地图上用黑色符号），发音人分析说，这是因为夏天常见到蜥蜴顺着车辙奔跑。

在调查地域的多数地点，则用另一个不可理解的名称：[ʹʂœ¹ mã sœr³]，[sœr]也说成[s] zə]，有时也说[sœr]②。把蜥蜴说成[ʹʂœ mə̃ sœr]的一个村子里，发音人主动给我解释说："这东西像蛇，又不是真的蛇。所以我们把它叫作[ʹʂœ mə̃ sœr]。"③写成汉字就是"蛇没蛇儿"。这也说明说话人的心理活动是如何起作用的。

笔者在大同地区调查、记录了蜥蜴的名称，在大同的东部是[ʂə mã tsxœr]，在西部是[ʹʂə mã tsœr]。这些名称显然和宣化的[ʂœ mã sœr]是属于同一类型的。但是，两地之间的关系究竟如何尚不清楚。

———————————

① 李方桂的原话出处不详。

② 原文为 "... all names of the lizard fluctuate between the suffixes [- sœr] and [- s]zə]"。从下文所举的"蛇没狮子"来看，这不光是后缀用法的摇摆，还可以认为词形在"蛇没蛇儿"与"蛇没狮子"之间游移不定。

③ [ʂœ mə̃ sœr]的第二音节看来好像是[mã]或[mə̃]的误记，但作者与王辅世的调查卡片中就是如此记录的。

在宣化西北不到 160 公里的长城外的地区,R. Léva(杜维礼)记录的蜥蜴名称为cheue-seu-ze(这是他采用的法语式的拼音)[①]。他还附上了当地人提供的汉字写法"蛇狮子",这反映了人们对这一名称的解释。这种解释是否合适姑且不论,但其语音形式暗示我们,这一名称的发音与上述各种叫法有关系。

即使我们不能充分地说明宣化方言里"蜥蜴"的词形,看了这张地图至少能搞明白,这两个方言形式[ˈtʂxœ¹ sœr³]和[ˈʂœ¹ mǎ ʂœr³]在一个狭窄的地域里是如何相互作用导致生出新的词形来的。

a) 首先在[ˈtʂxœ sœr]和[ˈʂœ mǎ ʂœr]的边界地区,约有 10 个村子说这两个词的杂糅形式,即第 2 个形式中的[mǎ]插入了第 1 个形式中,成了[ˈtʂxœ mǎ sœr]"车没蛇儿"(见 C1、C2、C3、D1、D3、D4、D5、E1、F1、F3,有白色倒三角的符号)。

当然,发生这样的变化,并不是因为人们企图把两个不同的名称各取一部分来拼凑成一个新的名称。实际的过程可以复原如下。[ˈtʂxœ sœr]从前不仅分布在张家口南边的 4 个村庄,分布的范围要广得多,至少到达了北纬 40°42′一线。另一方面,受到县治所在地宣化的影响,另外一个名称[ˈʂœ mǎ sœr]则顺着干线道路开始从南向北推进(见地图 20 的道路)。因为当地人感到这个词形很"时髦",所以用这一词形来代替北部原有的形式。但是,因为在这 10 个村庄里,旧词形的声母[tʂx]在说话人脑子里根深蒂固,认为这是"蜥蜴"的名称中必不可少的成分,所以被保存下来,以致把新词形中的声母[ʂ]排挤掉了。要复原变化的过程,只有作这样的解释才不勉强。因而,杂糅形式中的[tʂx]声母是一个间接证据,证明[ˈtʂxœ sœr]这个词形曾分布很广。

发生这样的变化时,要满足使之实现的基本条件:即"蜥蜴"的名称必须已经变为语言学上所谓的完全任意的符号。也就是说,当构成

————————

①　René Léva(杜维礼):"Dialecte du Chansi Nord(Tchahar),Liste alphabetique d'expressions avec traduction française"(晋北方言,按音序排列的词语表,附法语翻译),Peiping,Scheut Language school,1944—1945。这部著作共两卷,643 页,未全见。桥本万太郎《中國語崇禮·尚義方言字彙》(《アシア·アフリカ言語文化研究》总第 10 号,1975。又载《橋本万太郎著作集》第二卷,内山書店,1999)中作了介绍,还发表了桥本教授整理的此书的同音字表。

某个名称的音节变得无法明确理解时（相反的例子是"啄木鸟"的名称），因对意义（signification）的意识而产生的对变化的抵触感就会消失。说得简单些，除了想进行"语源学"的解释的人以外，人们在说［ˈʂœ mǎ sœr］时，是不会联想到"蛇"的。因此，不怎么留意就开始说起［ˈtʂxœ mǎ sœr］来了。

b）当从名称已无法联想起意义来时，任何异想天开地把两者结合起来的情况都会发生。在 4 个村庄里（带黑色三角的符号），"蜥蜴"中的［tʂxœ］已经无法理解，走上了独自发展的道路，与"蚂蚱"的名称相遇了。那么，"蜥蜴"和"蚂蚱"的名称是如何互相牵引的呢？请看下列例子。（译注：蚂蚱，王辅世称为"薮螽"。）

村庄	蜥蜴	蚂蚱
D2	tɕia mə sœr	tɕiou mə zə
D4	tɕɕiou mǎ sʅ zə	tɕiou mǎ zə
D5	tɕiou miɛ sœr	tɕiou mǎ zə
E1	tɕiɛ mɛ sʅ zə	tɕiou mar

要指出一个重要的事实，即从地点 C1 到 G7 的各个村子以及地点 E1、E2，所有的村子里"蚂蚱"的名称都是相同的［tɕiou mə zə］型。因而，这是一个众所周知的名称，当"蜥蜴"的名称第一个音节发生变化时，就进入了与"蚂蚱"相同的变化轨道。

蚂蚱（薮螽）

如果我们能更早地发现调查表的缺陷，那么"蚂蚱"的名称能成为一幅更有趣的地图。在调查进行到三分之一以前，我们只是问了大的绿色蚂蚱和小的褐色蚂蚱的名称。不久之后，我们发现还有第 3 种——小的绿色蚂蚱，因为当地人都知道这种蚂蚱有刀状尾巴，是雌性。但是，我们无法退回去复查了。我们只在这 3 种有名的昆虫中调查了两种的名称，不能确定在各个村子里这些词形到底是指这 3 种蚂蚱中的哪一个了。尽管如此，我们举出两个引人注目的例子，来看一下大的绿色的蚂蚱（薮螽）的名称里所显示的语言创造性。

a）请看一下"蜥蜴"一节（b 项）最后列出的名称。这些名称以及附近地点见到的所有类似词形在由此联想起的两类概念之间摇摆不定。

(1)"蚂蚱"(蝼蝈)叫[tɕiou mǎ zə],即"叫蚂子",意思为"会叫的飞虫"。民间信仰认为,鹤鸣是小米丰收的征兆,而蚂蚱的鸣叫则是向农民宣告小麦的成熟。于是[tɕiou mǎ zə]变成了[tɕiou miǎ zə],[miǎ zə]即"麦子"。

(2)在宣化,最贫瘠的土地种植[tɕɕiou miǎ zə](荞麦子)。有几个村子里,蚂蚱不再是预告麦子成熟的虫子,它自身却被叫作"荞麦子"了。

于是,这样的名称中,大致都产生了无数摇摆不定的形式,如[tɕiou]和[tɕɕiou],[mǎ zə]和[miǎ zə]等。因此,无怪乎这些名称会开始牵引与之相似的"蜥蜴"的名称。

b)"蚂蚱"(蝼蝈)在地点 H1 到 I4 的地域和 J1、J2、J3、J6、K1 等村子里(即宣化市的南部和北部)有个奇异的名称[vɑ̃ toːsə]"王道士"。光靠现有的资料无法追溯这个词的起源。可以想象,可能是这一带哪个村子的人,由绿色的小蚂蚱①的小"刀"[to]联想到"道士"的"道"[to]而造出来的。加上一个姓("王")能使方言名称变得更明确些。不管如何,这里出现了一个道士的名字。人们丰富的想象力肆意驰骋,因而,这个地域的南部和东南角(I2、I3、I4、J3、J7)道士姓了"张",变成了"张道士"[tsɑ̃ toːʂ]。

八、结   论

通过对这几幅方言地图的分析和比较,我们能窥见一个活语言的"实验室"的一斑,也许把它叫作一个"工厂"更合适。这是因为有一个最引人注意的事实,即在其表面之下,处处搏动着创造性的活动。

声调(地图 16)、元音(地图 15)、辅音(地图 13、14)、形态(地图11)以及语义(地图 17、18)等,这种种都在语言活动和地理接触的坩埚中受到锻炼,因而导致了变化的发生。

─────────

① 原文没有这一词,根据上文所说"绿色的小蚂蚱有刀状尾巴"补充,但上文又说,此处 a)b)描述的是大的绿色蚂蚱,这是一个矛盾;王辅世的书中也说,[vɑ̃ to sə]是蝼蝈的名称。

　　下面进一步讨论在宣化方言中起作用的共同因素。地图 19 上标出了各张地图上找出来的一些等语线。数字 10—18 是指上文提出的各幅地图的编号。另外还有用大写字母 A、B 表示的两条分界线。A 是"灰色蚰蜒"的界线（西北［sa sa］，东南［tsๅ sa］）；B 是疑问词"什么"的界线（西北［sõ̃ẽ］"甚（么）"，东南［ṣuã］"啥"）。

　　所有的界线集中在两个地方：5 条（13、14、16、17、18）在东南角，其他则贯通西北部。这里要提请读者注意我于 1948 年在这一地区进行的民俗调查，其结果发表在 *Folklore Studies*（民俗研究）X—1 卷上（贺登崧 1951a）。这篇论文附有两幅地图，我把它们合并起来作为地图 20[①]。首先，这里的黑点综合了 6 条民俗学的分界线。例如，涂成黑色的区域里，12 处的观音庙都是建在高处（如塔或村子的围墙上），而南部地区的 44 个观音庙则都是普通的较低的庙宇[②]。这 6 个宗教特征中至少有 4 个拥有共同的分布区域，呈带状横亘在北部。这显示了西北的张家口和东北的常峪口两个地点的影响。这两个城镇都处于古代官道通向内蒙古的关口。

　　其次，用黑三角符号把另外 4 条民俗学界线归纳起来。4 项宗教特征中有 3 个是这一区域共有的。详情请看上述论文（贺登崧 1951a）。这里只举一例：这一区域内，供养土地神的 27 个庙宇（五道庙）里，正中坐的都是山神。而在这一区域以西的 57 个庙宇中，同一位置上坐的是五道神[③]。这是从东北方向过来的道路的影响，也是从位于东部的赵川（位置在地图外）方向来的道路的影响。

　　这种根据民间信仰的特征划分的区域，和地图 19 所示的根据语言特征划分的区域极为一致。东南部的分界线表示赵川方向来的影响到此为止了，而西北部的 8 条等语线则表示张家口市的影响所及的范围。

---

　　① 指贺登崧（1951a）论文中的地图 7 和 8。本章原文则直接转录了这两幅地图。
　　② 所谓"六条民俗学的界线"中还有"有佛殿的庙宇""财神庙""坐钟的石台""关帝庙建于塔上还是城墙上""玉皇阁"等的分布区域的南部界线。（参见贺登崧（1951b）地图 1）
　　③ 参见：贺登崧（1993：129—131）。"四条民俗学的界线"中还包括：龙王庙中马王陪像置于主神西侧的区域（另一种类型则置于主神东侧）；龙王庙的侧墙上画着随队出宫的水母的壁画（另一种类型则是水母留在宫里）；河神庙独立的区域（另一种类型则是河神庙或河神置于供奉其他神的庙宇内）。并参见贺登崧（1951a），地图 b。

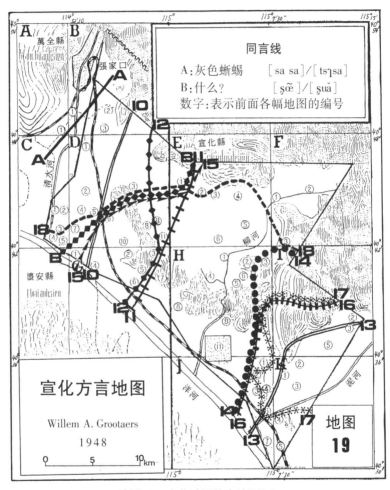

地图 19 宣化地区综合地图(1)

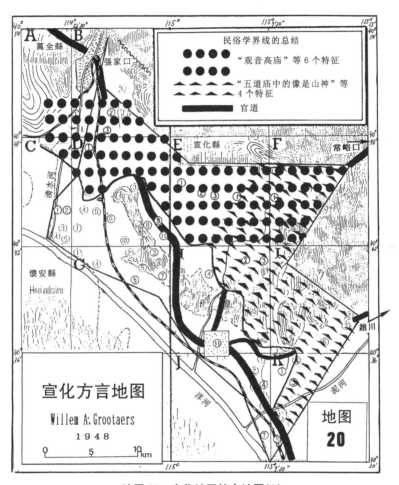

地图20　宣化地区综合地图(2)

　　把地图 19 和地图 20 放在一起比较，就可以看出，县治所在地宣
化市(H11)显然具有独立的地位。作为这一地区最古老的文化、政治
的中心，宣化一直是把周围地区置于自己的影响之下。这样的中心，
用德国方言学的术语，叫作 Kernlandschaft(核心区域)。从地图 19 和
20 能看出，这一核心区域很小，很快就和周边的势力圈相遇了，其影响
则正在逐步减弱。

附录　我和实验语音学

贺登崧

　　1938 年,在比利时的国立根特大学召开了一次国际语音学会年会。那是我去中国的前一年。大家特别期待的是德国西门子公司初次公开的 X 光电影,用这个电影能把发音中声音的高低变化放映到银幕上。这对与会的语音学会会员来说,真是莫大的福音。但是对于正在准备对汉语进行语言学研究的我来说,还只是可望而不可即的。因为在还没有通电的中国农村调查声调,是不能指望使用这样的机器的。

　　当时我父亲 L. Grootaers 在比利时鲁汶大学的语音实验室工作,我正在那里接受方言学和实验语音学的训练。这个语音实验室是科利内(Colinet,1853—1917)教授创立的。因为带着"实验"两个字,大学把它放在生理学研究所大楼的最上层,有两个房间。我从 11 岁起,就得到允许进入这个地方。我去时,常到楼里的地下室,看看那里饲养的生理实验用的青蛙和白鼠,那是我的一大乐趣。二次大战后,在市中心造起了一栋大楼,把和语言学有关的研究所都合并起来,搬到那里去。1905 年,听科利内教授的课的,除了我父亲外,还有闵宣化(Jos Mullie)。我于 1935 年到 1939 年间,师从闵宣化教授学习汉语文言文,可以说是一种不可思议的缘分。

　　实验语音学的鼻祖是法国的卢斯洛(J - P. Rousselot,1846—1924)。卢斯洛从巴黎大学(Sorbonne)毕业后,为了准备博士论文,他以自己的家乡为中心,进行了一年的方言调查。此后,因患结核病在家里休养了几个月。这一段时间,他专心观察家人的发音。尤其细心地观察了他母亲的语言。因为母亲是文盲,所以没有受到标准法语的影响。说话时,使用的是接近法语的南北方言边界线的方言。他以这一时期搜集到的资料为基础,详细分析了不同年龄层之间的语言差别,于 1891 年向巴黎大学提交了博士论文 *Les modifications phonétiques du langage étudiées dans le patois d'une famille de Cellefrouin*(《塞勒夫路安村一个家庭的方言语音的个人差异》),这是一部 372 页的巨著。第一部分介绍他自己的方言,第二部分是对全体家庭成员的方言作历史的分析,最后(即第三部分)讨论他母亲的语言。第一部分前半介绍了他用于分析方言的各种实验仪器。他为了分析方言间细微的差别,设计了种种新颖的仪器。给予他帮助的是开发无线电信号接收机器的开拓者——布郎利(Edouard Branli,1845—1940)。卢斯洛后来在他的《实验语音学原理》[*Principes de phonétique expérimentale*,二卷本,(1)1897,(2)1901]中,对实验仪器的用法作了详细的说明。由他开发的各种实验仪器,现在数量增加了,也变得复杂而且精密了。

我明白,要在中国内陆地区的农村进行方言调查,那里是没有电的,对于使用实验仪器有相当的限制。在没有电的地方能使用的,只有发条式浪纹计和人工腭位图。浪纹计根据声音的振动,把声调变成波纹,记录在黑纸上。但是,人耳听到的生理的音响与物理的振动之间有对数函数的关系,要在图表上把声音的振动显示出来,就要把它们分别转换成对数值。于是,我发明了一种仪器,并发表论文报告了这一结果(贺登崧 1938)。我是读了 1913 年 VOX 杂志上发表的梅耶(E. A. Meyer)和施耐德(C. Schneider)关于声调检测仪的论文,受到启发,于 1938 年制作了这种简单的实验仪器。图 1 是施耐德先生画的他自己设计的声调检测仪的原理。图 2 是我在此基础上设计的仪器的照片。右侧垂直的棒下方装置的小框中有小数的刻度。移动浪纹计的上部,就能明白声音振动的高低。这样,在同一根垂直的棒上端安装一把计算尺,能同时把声调高低的对数值记录在对数纸上。图 3 是记录汉语声调对数值的实例。梅耶教授是研究瑞典语声调的语音学者,他于 1937 年 10 月 15 日特意写信给我,给予评价。

用我的实验仪器制作的资料还有一些,但现在留在手头的只剩这一份东西了。1948 年 10 月底离开北京时,我把浪纹计和这台仪器

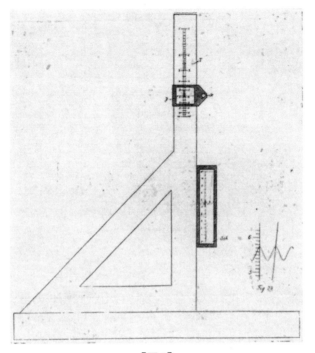

［图1］

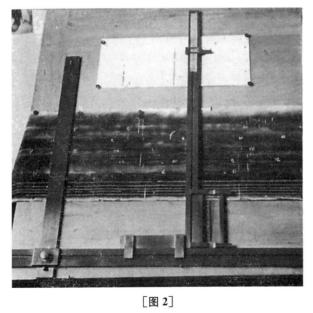

［图2］

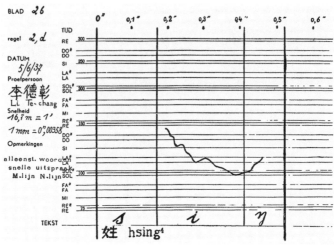

［图 3］

都留在那里了，因为我想以后再来，肯定会有种种新式的电器设备，这种原始的工具就没用了。但是，1949 年 4 月我见到父亲，告诉他这些事时，他显得非常失望。装着这些东西的箱子寄存在缅甸驻北京的办事机构里，已经过去 40 年了，这些东西怎么样了，今后又会怎样，我都管不着了。

　　1939 年去北京时，我只有对北京话声调的理论知识。在鲁汶大学学习汉语时，让我一味地死记硬背文言文的语法和汉字的写法，不教会话。在课堂上，感到汉语会话只是遥远世界里的事。不过，在比利时，即使练习汉语会话，也会学成法国腔或荷兰腔的。

　　为了学习北京话的会话，原计划在北京待一年。幸而在几个月后与汉语语音学的专家周殿福先生相识。周先生是中国实验语音学的创始人刘复（号半农，1891—1934）的弟子。刘复先生在法国留学时，跟实验语音学的鼻祖卢斯洛学习。法国归来，去关外内蒙古的汉族聚居村落调查方言，不慎染上伤寒，在调查途中身亡。但我到北京时，他的弟子周殿福先生还健在。抗日战争开始后，许多中国学者都南下去了重庆（当时的陪都），周先生因父母高龄，无法离京。因此，我得以师从周先生学习，待在北京的时间也再延长了一年。

　　后来离开北京赴山西省。我被派到山西省大同市东南 50 公里处的一个村子——西册田。我从来没想到,会听到音节末尾有喉塞音的方言。我注意到,有喉塞音韵尾的音节,其特点是元音变化很大。如北京的"果"guǒ、"国"guó,大同则分别为[kuɔ³][kuaʔ⁴],韵母很不一样。

关于古汉语、北京和大同话的关系,再看另外一例。根据研究,古汉语的鼻韵尾至少有[-m][-n][-ŋ]三种,而北京只有[-n][-ŋ]两种。大同话则更为简化,鼻韵尾消失,韵母鼻化。如北京的"片"piàn(见图 4 - 12)、"命"mìng(见图 4 - 14),大同则说[pçie⁴]、[miɤ̃³]。

在西册田过了一年左右,我就想一定要做一套有代表性的腭位图,其结果就是图 4。请看图片中的 4、12、14、19、20,能很清楚地看出,确实是没有鼻韵尾的。可惜的是,我没有使用浪纹计做记录。我本想等更熟悉一些以后做,可是形势突变,再也没有机会做了。现在想起来,真是遗憾万分。

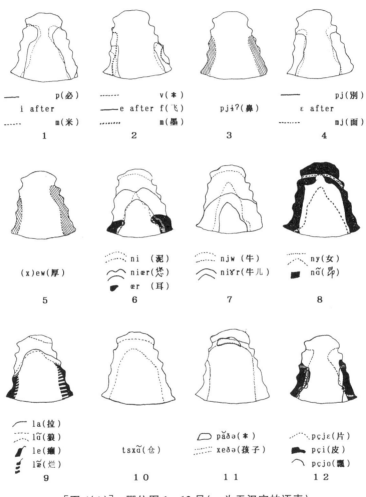

[图4(A)]   腭位图 1—12 号（＊为无汉字的语素）

［图 4(B)］　腭位图 13—24 号（＊为无汉字的语素）

附录　作者有关汉语和中国民俗学的论著目录

　　说明：本目录主要根据贺登崧著《日本の方言地理学のために》（日本方言地理学）（平凡社，1976）一书附录的"著者论文目录"，选录其中有关中国的论著，并作了必要的增补和订正。有"＊"号者表示该论文是本书收录的（部分论文收入本书时标题有改动）。

1938　Construction d'un appareil pour la mesure de la hauteur musicale.（《声调检测仪器的制作》）*Leuvensche Bijdragen*，Leuven，ⅩⅩⅩ，3/4，125—139，4 figures.

1941　De Oblationibus confucio factis.（《清代举行的祭孔仪式》）*Responsa ad questiones*，Tatung，Ⅲ，4，254—269.（拉丁语）

＊1943　La géographie linguistique en Chine, Nécessité d'une nouvelle méthode pour l'étude linguistique du chinois. Première Partie: la méthode de la géographie linguistique.（《中国的语言地理学：汉语的语言学研究采用新方法的必要性》，第 1 部分：《语言地理学的方法》）*Monumenta Serica*（《华裔学志》），Peking，Ⅷ，103—166，4 maps，2 figures.［本书第一、二章摘译］

1944　Textes et traduction des stèles du Nan-t'ang.（《北京南堂的两份碑文及翻译》）*Le Bulletin Catholique de Pékin*，ⅩⅩⅪ，376，586—599，1 figure.

1945a　Une stèle chinoise de l'époque mongole au sud-est de Ta-t'ong（Chansi-Nord）.（《大同东南地区的元朝墓碑》）*Monumenta Serica*，Peking，Ⅹ，91—116，1 map，5 figures.

＊1945b　La géographie linguistique en Chine. Seconde Partie：une frontière dialectale dans le Nord-est du Chansi.(《中国的语言地理学》，第 2 部分：《晋东北的一条方言边界线》)*Monumenta Serica* Ⅹ,389—426, 4 maps, 4 figures.[本书第二章]

1945c　Les temples villageois de la région au sud-est de Ta-t'ong, leurs inscriptions et leur histoire.(《大同市东南地区的农村庙宇：碑铭及其历史》)*Folklores Studies*，Peking, Ⅳ, 161—212, 1 map, 8 figures.

1945d　Fragments Bouddhiques. Première Série.(《〈佛教掇琐〉译注》，第一批) Apologétique et Dévotion. Pékin, Imprimerie des Lazaristes, Ⅷ,127p.

1946a　Questionnaire for the Exploration of Village Temples.(《中国农村庙宇调查表——汉语、英语、法语对照》) 8 p., Peking, Ethnological Museum of the Catholic University(辅仁大学民俗博物馆)

1946b　Dialectes chinois et alphabétisation. A propos de la Romanisation inter-dialectique.(《汉语方言和拼音化：评超方言拼音方案》)*Bulletin de l'Université l'Aurore*,(《震旦大学学报》)Shanghai.Ⅲ,7/2,207—235.

1946c　Une société secrète moderne I-koan-tao, bibliographie annotée.(《秘密宗教团体"一贯道"及相关文献》)*Folklore Studies*,Peking, Ⅴ,316—352.

＊1946d　Diffé rences phonétiques dans les dialectes chinois. Un exemple d'évolution linguistique locale dans les parlers de Ta-t'ong (Chansi-Nord).(《汉语方言的语音差异：大同方言语言演变举例》)*Monumenta Serica*，Peking, Ⅺ,207—232, 2 maps.[本书第三章]

1947a　Catholic University Expedition to Wan-ch'üan (South Chahar), Preliminary Report.(《辅仁大学对万全县的调查：初步报告》)*Monumenta Serica*,Ⅻ,236—242,1 map.

1947b　Vier-jarige cursus in de geschreven nationale taal.(《现代汉语教本》) Peking-Brussel，1947—1950，Deel Ⅰ，135p.，Deel Ⅱ，160p.(和周殿福合著)

1948a　La méthode géographique en linguistique et en folklore.(《语言学和民俗学的地理学研究方法》) *Bulletin de l'Université l'Aurore*(《震旦大学学报》)，Shanghai，Ⅴ，221—233. 4 maps.

1948b　The Hutu God of Wan-ch'üan(Chahar)，A Problem of Method in Folklore.(《万全县的糊涂神：民俗学方法论》) *Studia Serica*，成都，Ⅶ，41—53，1 map.

1948c　Temples and History of Wan-ch'üan(Chahar)，The geographical method applied to folklore.(《万全县的庙宇和历史：地理学的方法运用于民俗学》) *Monumenta Serica*，Peking，ⅩⅢ，1，209—316，8 maps，20 photographs.(和李世瑜、张冀文合著)

* 1948d　Problems of a Linguistic Atlas of China.(《中国语言地理学研究的诸问题》) *Leuvense Bijdragen*，ⅩⅩⅩⅧ，52—72，1 map，1 figure. ［本书第一章］

1948e　《北京南堂两碑之译文》，《上智编译馆刊》，第三卷，第五期，189—191.

1948f　《中国语言学及民俗学之地理的研究》，《燕京学报》35，1—27，6 maps.(陈定民译)

1949a　《中国民间传统宗教之研究》，《文藻月刊》，Ⅱ，1/2，18—20.(冯瓒璋译)

1949b　Pejelidikan Geografi Bahasa di Tiongkok. (《中国的语言地理学研究》) *Pembina Bahasa Indonesia*(《印度尼西亚语建设》)，Djakarta，Ⅱ，129—136.

1950a　Twintig jaar Chinese Linguistiek.(《中国语言学 20 年》) Handelingen van het ⅩⅧ.Vlaamse Filologencongres，19—21 april 1949，Leuven，67—72.

* 1950b　Une courte exploration linguistique dans le Chahar(Chine du nord)—Avec projet de questionnaire dialectal.(《察哈尔省的

方言调查——附：方言调查新表［草案］》）Bulletin de la Société Linguistique de Paris ⅩLⅥ，1，123—143，3 maps. ［一部分收入本书第二章［补遗 2］、调查表附在第一章末尾］

1950c　Les deux stèles de l'église du Nan-t'ang à Pékin（《北京南堂的两块碑》）Neue Zeitschrift für Missionswissenschaft，Beckenried，Schweiz，Ⅵ，4，246—255.

1951a　Rural Temples around Hsüan-hua（South Chahar），their Iconography and their History.（《宣化县农村庙宇——神像、壁画的分布和庙宇的历史》）Folklore Studies，Tokyo，Ⅹ—1，1—116，72 photographs，8 maps.（和李世瑜、王辅世合著）

1951b　Une séance de spiritisme dans une religion secrète à Pékin en 1948.（《1948 年北京秘密宗教的一个降神仪式》）Mélanges chinois et bouddhiques，Bruxelles，Ⅸ，92—98，6 photographs.

1951c　Further Materials on the Hutu god of Chahar.（《有关察哈尔省糊涂神的补充资料》）Studia Serica，成都 Ⅹ，1 map，5 photographs.

1952a　Quelques remarques concernant le langage des femmes. Différences entre langage masculin et féminin. Quelques tabous linguistiques.（《中国、日本、蒙古的女性语言：一些语言禁忌》）Orbis，Louvain，Ⅰ，1，82—86.

1952b　Chinese Dialectology（1948—1951）. On non-Chinese Languages of China.（《中国的方言研究（1948—1951 年）和非汉族诸语言》）Orbis，Louvain，Ⅰ，1，210—218.

1952c　支那の農村に於ける文化諸要素の関係の一例.（《中国农村各文化要素间关系举例》）Natura et Cultura（自然史学会，京都），Ⅱ，59—69，2 figures，1 map.

1952d　The Hagiography of the Chinese god Chen-wu: the transmission of rural traditions in Chahar.（《真武神的传说：农村口头传说一例》）Folklore Studies，Tokyo，Ⅺ，139—181，1 map，7 photographs.

1953a　Initial"pə" in a Shansi Dialect，a problem of grammar.（《句首

的"把"：山西方言的一个语法问题》)*T'oung-Pao*(《通报》)，Leiden，ⅩⅬⅡ，1/2，36—39.

1953b   Language study in China(1951—1952).(《中国的方言研究：1951—1952 年》)*Orbis*，Louvain，Ⅱ，1，165—175.

1953c   Une amitié chinoise.(《中国的朋友》)*La revue nouvelle*，Bruxelles，ⅩⅧ，2，150—155；3，240—250；4，390—397；5，479—490；6，599—606.(笔名：Jaques Nédon)

1956   Phonogram Archives in China. (《中国的语言录音资料》)Instituts de Phonétique，Louvain，97—98，1 map.

＊1958a   Linguistic geography of the 宣化 Hsüan-hua region(察哈尔 Chahar Province).(《宣化地区的语言地理学》)《历史语言研究所集刊》，29 上(Studies presented to Yuen Ren Chao)，台北，59—86，10 maps. ［本书第四章］

1958b   H. Frei氏の pə の分析.(《H. Frei 对"把"的分析》)《中国语学》No.75，3—8，16.

1958c   Report on the Linguistic Institutes of China，until 1957.(《中国的语言研究机构》)*Orbis*，Louvain，Ⅵ，1，205—211.

1958d   中国語の方言；ヨーロッパの中国語研究.(《汉语方言；欧洲的汉语研究》)《中国语学辞典》，江南书院，64—73，312—319(和小川环树合著)。(中文译本：王立达《汉语研究小史》，北京，商务印书馆，1959，124—131：欧洲的汉语研究(有删节))

1969   方言地図；方言調査.《中国语学新辞典》光生馆，180—183，2 maps(p.312)。(橋本萬太郎日译)

1970   華北の宣化・万全両県における Hutu 信仰(华北宣化、万全两县的糊涂神信仰).《道教研究》Ⅳ.195—224(左 67—96)，2 maps，9 photographs.(吉田豊一日译)

1973   The Sixty-four Wutao-temples of Hsüan-hua city. (《宣化市的 64 处五道庙》)*Fujen Studies*(辅仁学志)，台北，29—38，1 map，2 photographs.

1977   宣化市内の眞武廟(1948 年現在)(《宣化市内的真武庙，1948年》).《吉岡博士還歴記念・道教研究論集-道教の思想と文化》,753—765.

* 1990　実験音声学と私.(《我和实验语音学》)《1990 年日本音声学会
全国大会研究発表論集》,3—11.(佐佐木英樹日译)　［本书
附录］

1991　黄土高原を歩んで: 中国華北での方言調査.(《漫步黄土高
原——华北地区调查方言记》)日本《しにか》1991 年 7 月号,
76—81.

1993a　中国の地方都市における信仰の実態——宣化市の宗教建造
物全調査.(《中国地方城市宗教信仰的实态——宣化市内宗教
建筑的全面调查》)東京,五月書房,200p.，65 photographs.
(寺出道雄日译)

1993b　*The religious and cultic buildings in a North China city:
the results of a complete survey of Hsüan-hua (Chahar).*
August 1948，(上述 1993a 的英文版) Editions Peters,
Louvain,250p.,65 photographs.

1999　それでもやっぱり日本人になりたい.(《我还是想当个日本
人》)東京,五月書房,233p.(自传性随笔)

附录　日本学者汉语方言地理学论著目录

　　1. 本目录选录日本学者(包括合作的中国学者)近 30 年来正式发表的有关汉语方言地理学的代表性的论著,内容只限于体现传统语言地理学的理论和方法的,不包括科研项目报告书。

　　2. 作者名字统一使用中国汉字。各著作按照发表的年代顺序排列。专著加书名号(《》),论文不加,英文书名则用斜体表示。外文的论著,在其标题后加上汉语的翻译。

　　3. 在编制本目录时,参考了三木夏华的《中国語方言地理学文献目録》(载日本《鹿児島大学法文学部紀要　人文学科論集》68 卷,2008,http://hdl.handle.net/10232/6280)。

　　★岩田礼 1984:方言境界地域に於ける新語形の発生とその成因…中国江蘇省東北部地域に於ける言語地理學の試み(Ⅰ)(方言边界上新词形的产生及其成因——江苏省东北部的语言地理学尝试之一),《アジア・アフリカ言語文化研究》28 号,東京外国語大学,100—118 页

　　★岩田礼 1985:身体語彙の体系と語形変化…中国・江蘇省東北部地域に於ける言語地理学の試み(Ⅱ)(身体词汇的体系及词形变化——江苏省东北部的语言地理学尝试之二),《アジア・アフリカ言語文化研究》30 号,62—176 页

　　★岩田礼 1986:言語地図と文献による語彙史の再構…"ひざがしら"の狭域的/広域的言語地図を中心に(语言地图及根据文献进行的词汇史构拟——以"膝盖"的小区域和大区域的语言地图为中心),

《伊藤漱平教授退官記念中国学論集》,汲古書院,47—72 页

★岩田礼 1988：江蘇・安徽両省における親族称謂形式の地理的分布と古称謂体系の再構（江苏、安徽两省亲属称谓形式的地理分布及古称谓体系的构拟）,《漢語史の諸問題》,京都大学人文科学研究所,207—272 页

★岩田礼 1989：《中国江苏・安徽・上海两省一市境内亲属称谓词的地理分布》,89 页,《開篇・单刊》,好文出版

★远藤光晓 1991：河北省・遼寧省・山東省に於ける声調の地理分布と变遷（河北、辽宁、山东三省声调的地理分布及其变迁）,《開篇》,8 卷 8—33 页,又收入《漢語方言論稿》(2001),93—118 页,好文出版

★远藤光晓 1992：北方方言における声調調類分岐のタイプについて（北方方言中的调类歧异的类型）,《漢語方言論稿》119—129 页,原载科研报告《漢語諸方言の総合的研究》(1),35—42 页

★太田斎 1992：方言地理学研究二则——動詞〈在〉、結構助詞〈的〉（方言地理学研究二则——动词"在"、结构助词"的"）,《神戸外大論叢》43 卷 2 号,19—39 页

★村上之伸 1994：閩語の語彙〈ゴレンシ〉と〈ニンジン〉について（关于闽语词"杨桃"和"胡萝卜"）,《中国語学》241 号,日本中国語学会,30—38 页

★岩田礼 1995：漢語方言史の不連続性——中国語言語地理学序説（汉语方言史的不连续性——中国语言地理学序说.）,《人文論集》45 卷 2 号,静冈大学,43—77 页

★岩田礼 1995：汉语方言"祖父""外祖父"称谓的地理分布——方言地理学在历史语言学研究上的作用,《中国语文》第 3 期,203—210 页

★Iwata，Ray（岩田礼）1995：Linguistic Geography of Chinese Dialects - Project on Han Dialects PHD（汉语方言的语言地理学研究——介绍一个研究汉语方言的项目 PHD）,*Cahiers de Linguistique Asie Orientale*,EHESS - CRLAO，Paris,24 卷 2 号,195—227 页

★太田斎 1996：晋方言常用词汇中的特殊字音——"今日"和"今

年”,《首届晋方言国际学术研讨会论文集》,山西高校联合出版社,63—69 页

　　★村上之伸 1997：浙江省における語彙〈蚕豆〉の分布とその解釈(“蚕豆”在浙江省的分布及其解释),《麗澤大学紀要》65 卷,181—193 页

　　★Iwata,Ray (岩田礼) 1998：A Phonetic and Phonological Database and its Application to Chinese Dialect Geography(语音和音韵数据库及其在汉语方言地理学上的应用),*Quantitative and Computational Studies on Chinese Language*,City University of Hong Kong,79—94 页

　　★岩田礼、苏晓青 1999：江苏省连云港地区方言的语言地理学研究概要,《汉语现状与历史的研究》,中国社会科学出版社,243—259 页

　　★Iwata,Ray(岩田礼)2000：The Jianghuai Area as a Core of Linguistic Innovation and Diffusion A Case of the Kinship Term ‘ye 爷’(江淮地区是语言创新及扩散的核心区域——以亲属称谓“爷”为例),*In Memory of Professor Li Fang-kuei Essays of Linguistic Change and the Chinese Dialects*,University of Washington and Academia Sinica,179—196 页

　　★太田斎 2000：“同音词冲突”和“类音牵引”,《首届官话方言国际研讨会论文集》,青岛出版社,25—30 页

　　★太田斎 2002：錯綜した「混交」—中国西北方言の「コウモリ」、「ヤモリ」、「アリ」、「ハチ」(错综复杂的“混交”——中国西北方言的“蝙蝠”“壁虎”“蚂蚁”“蜜蜂”),《慶谷壽信教授記念中国語学論文集》,好文出版,51—92 页

　　★岩田礼 2003：方言地図の作成とその解釈‐中国語言語地理学序説(続)(方言地图的制作及其解释——汉语语言地理学序说(续)),《金沢大学中国語中国文学教室紀要》第 7 辑,1—32 页

　　★远藤雅裕 2004：汉语方言处置标志的地理分布与几种处置句,《中国语学》251 号,56—73 页

　　★岩田礼、苏晓青 2004：矫枉过正在语音变化上的作用,《语言教学与研究》第 5 期,1—8 页

★太田斋 2005："媳妇"が関わる民間語源三題－中国語西北方言の例を中心に(与"媳妇"有关的俗词源三题——以汉语西北方言为中心),《神戸外大論叢》56 巻 7 号,15—41 页

★Iwata，Ray（岩田礼）2006：Homonymic and Synonymic Collisions in the Northeastern Jiangsu Dialect‐On the formation of geographically complementary distributions（江苏东北部的同音异义词和同义词的冲突——关于地理上的互补分布形成的过程），*Linguistic Studies in Chinese and its Neighboring Languages*，Festschrift in Honor of Professor Pang-hsin Ting on His Seventieth Birthday，Institute of Linguistics，Academia Sinica，Taipei，1035—1058 页

★太田斋 2006：キメラ语形について(1) (论嵌合型构词)《神戸外大論叢》57 巻 7 号,181—207 页

★岩田礼 2007：長江流域における Sibilants 声母体系の一類型(长江流域舌尖塞擦音、擦音声母体系的一种类型),《佐藤進教授還暦記念中国語学論集》,好文出版,303—313 页

★岩田礼 2007：方言接触及混淆形式的产生——论汉语方言"膝盖"一词的历史演变,*Bulletin of Chinese Linguistics*，第 1 卷第 2 期，Li Fang-kuei Society of Chinese Linguistics《中国语言学集刊》，HKUST,117—146 页

★岩田礼 2007：汉语方言〈明天〉、〈昨天〉等时间词的语言地理学研究,《中国語学》254 号,1—28 页

★太田斋 2007：北方方言里面所能见到的类音牵引等语音现象——以山西方言的"砚瓦"为例(续),《神戸外大論叢》57 巻 3 号,93—105 页

★岩田礼 2008：从"疟疾"的方言地图看汉语方言的历史层次,《南大语言学》第 3 编,165—182 页

★岩田礼 2008：中国語の言語地理学：歴史、現状及び理論的課題(中国语的言语地理学：历史、现状及理论的课题),《金沢大学中国語中国文学教室紀要》第 11 輯,1—25 页

★太田斋 2008：北方方言里所见的类音牵引等语音现象——以

山西方言的"砚瓦"等为例,《晋方言研究——第三届晋方言国际学术研讨会论文集》,希望出版社,18—26 页

★铃木史己 2008：方言分布から见る新语形の成立方式について—新来事物ジャガイモ・サッマイモを例として(从方言分布看新词形的形成方式——以新来事物土豆、红薯为例),《中国語学》255 号,19—38 页

★岩田礼编 2009：《汉语方言解释地图》,白帝社,东京,341 页。(著者：岩田礼、村上之伸、木津祐子、松江崇、中川裕三、三木夏华、中西裕树、植屋高史、桥本贵子、铃木史己、八木堅二、黄晓东、林智)

★Iwata，Ray(岩田礼)2010：Chinese Geolinguistics：History, Current Trend and Theoretical Issues(中国的语言地理学：历史、现状及理论问题), *Dialectologia* (Special Issue 1), Universitat de Barcelona,97—121 页

★太田斋 2010：常用词特殊音变的分析法：以"肩膀"和"井拔凉水"为例,《中国语文》第 5 期,426—437 页

★太田斋 2010：谈"蝌蚪"(1)(2),《神戸外大論叢》61 卷 1 号 25—44 页,61 卷 2 号 39—58 页

★岩田礼 2011：北方方言-lə-中缀及 kəʔ-前缀的来源——"腋"义词的方言地图,严翼相主编《中国方言中的语言学与文化意蕴》,韓国文化社,8—38 页

中译本初版后记

石汝杰

对于中国的方言学者来说,什么是方言地理学,好像是个很模糊的概念。国内还没有出版过专门的论著。连较详细地介绍或批评这个理论的译著也很少,真正运用这一理论进行深入研究的则更少见了。而早在半个多世纪以前,比利时学者贺登崧(W. Grootaers)就开始运用方言地理学的理论来研究汉语,取得了令人瞩目的成果,他是汉语方言地理学的先驱。要讨论现代汉语方言的研究史,不能不提到或引用他的论著。

贺登崧,1911 年生,天主教淳心会神父。主要研究领域是方言地理学和民俗学。1932 年开始学习中文。1939 年来中国,在传教的同时进行语言研究,1945 年起任辅仁大学教授,主持方言地理研究室的工作,于 1948 年离华。1950 年起在日本传教,同时进行日语方言的调查研究,曾任日本国立国语研究所研究员,参与编纂《日语语言地图集》等,是现代日本方言研究的领袖人物之一。1999 年 8 月 9 日因心力衰竭在东京去世。

他撰写了多篇有关汉语的论文,其中,有关中国方言地理学的论文(1943,1945b;本书的第一、二章)引起了中国语言学界的强烈反响,其主旨后来用中文发表在《燕京学报》上(1948f)。他提倡在中国采用方言地理学的理论,并对当时汉语方言的研究方法提出批评。周法高在《论中国语言学》(香港中文大学出版社 1980 年,40页)一书中说:

> 贺登崧曾对山西北部和察哈尔省南部的方言进行过调查研究而写成"中国语言学及民俗学之地理的研究"(华裔学志

1943,1945),注重方言地理和民俗学方面。他批评史语所派太注重音律(phonetic law),而忽略了活的语言。为了回答贺登崧的批评,董同龢在1948年发表了《华阳凉水井客家话记音》(史语所集刊第19本),赵元任在1951年发表了"台山语料",董同龢在1960年发表了"四个闽南方言",都是记录长篇的对话和故事的。

和高本汉一样,贺登崧也是把现代语言学的理论和方法(语言地理学)引入汉语研究的外国学者。20世纪40年代起,他发表了有关汉语和中国民俗的论文几十篇,并另有专著《中国地方城市的信仰实况——宣化市内宗教建筑的全面调查》(贺登崧1993ab)。贺登崧所提倡的方言地理学的学说,是现代语言研究的重要理论,也是方言研究的一种重要方法。他还根据中国的语言情况和研究的实态提出了自己的建议,主张汉语方言研究应该现代化。但他的主张在中国方言学界并没有产生久远的影响,以至国内汉语方言地理学的研究至今几乎还是空白。最重要的原因是:中国传统的治学方式重文不重言,即重古典,不重口语。在贺登崧进入华北地区开始调查研究时,高本汉的《中国音韵学研究》早已出版了,高的理论迎合了这一传统,得以在中国语言学界大行其道。这样,贺的理论就明显地处于"劣势"了。而且他的著作一般用法文和英文写作,加上当时时局等其他原因,现在很多汉语学者已经不知道他的名字了,可以说在中国贺登崧已经被遗忘了。

但是,他在汉语方言地理学上开创性的理论探讨和实践是不应该忘记的。在这样的背景下,岩田礼等编译出版《中国方言地理学》(中国の方言地理学のために)(好文出版,东京,1994),具有重要的意义。此书搜集贺登崧关于汉语方言的论著,加以编辑增删,系统性和整体感都比较强。

从全书的结构来看,第一章是导论,介绍了方言地理学的基本观点和方法以及汉语和中国文化的背景知识;第二章和第三章是中心部分,显示了作者熔语言研究和民俗、历史调查为一炉的研究功底;第四章是作者运用方言地理学进行研究的实例,有11幅方言(民俗)地图,并加上简练的解释,可由此学习方言地理学的思路和方法。这部书全面总结了作者关于汉语方言地理学的理论和创造性实践,两者结合起来,正好是一部汉语方言地理学的优良教材和范本。

这里,还应当介绍一下日文版编译者岩田礼。岩田礼,现任日本金泽大学教授。他对汉语的研究,在实验语音学、音韵学和方言学等方面都颇有成绩。近一些年来的业绩主要是以方言地理学的方法研究汉语,发表了论著多种,如《中国江苏安徽上海两省一市境内亲属称谓词的地理分布》(《开篇》单刊,好文出版,1989,东京)和《汉语方言史の不连续性——汉语语言地理学序说》(静冈大学人文学部人文论丛,45 号之 2,1995)。发表在《中国语文》1995 年第 3 期上的论文《汉语方言"祖父""外祖父"称谓的地理分布》,则是运用这门学问的理论和方法进行研究的实例。1989—1992 年间,他还主持了由日本一批中青年汉语学者参加的共同研究项目"汉语诸方言的综合研究",主要内容也是方言地理学的研究。岩田礼曾师从贺登崧学习方言地理学,由他来做这一整理翻译的工作很合适,也确实做得很好。从对贺著所做的加工就能看出其功力,日译本全书加译注 105 条,说明背景材料,补充新的研究成果,提供进一步阅读的资料信息等,涉及的范围很广泛。可以说,这不是单纯的翻译,而是很好的再创作。特别重要的是,岩田礼在做此项工作时,始终和作者保持着密切的联系,可以说,这本书充分体现了作者意志,换言之,这也是作者和编译者共同劳动的结晶。

用方言地理学的理论和方法来研究汉语,贺登崧是先驱,后继者却并不多。除了岩田礼以外,必须提到的是贺登崧的学生王辅世教授,他于 1949—1950 年间撰写了硕士论文《宣化方言地图》(日本东京外大亚非研究所出版,1994 年,地图 34 幅,共 162 页),可是王先生后来没有再继续这方面的研究,转而研究少数民族语言了。

除了王辅世教授,迄今为止,中国学者做的工作确实还不多,正如贺先生批评的,中国至今还没有真正采用方言地理学的方法来进行研究。确实,有好些方言著作也附有地图,如杨时逢编著的云南、湖南、四川的方言调查报告各有地图 40—60 幅。但是,方言地理学要求对地图上表现出来的特征分布情况进行解读。这是很重要的作业,因为正是语言特征的地理分布反映了其历史变化的过程。如果画出的地图不能让我们得到历史考察的新结论的话，那只能算是在地图上列出的词汇对照表。光是罗列语言特征的分布情况，而不加以历史的解释，并不是语言地理学（贺登崧 1969）。所以，这些还不能算是真正意义上的方言地理学的著作。中国社会科学院等编的《中国语言地图集》(1987)，对于汉语方言的分区作出了最新的解释，总结了当代汉语方言研究的成果。但因编辑方针不同，没有收语言特征的分布图，当然也没能作进一步的历史分析。

在国外，这方面的研究有了引人注目的发展。成绩最大的是岩田礼，太田斋也有论文《方言地理学研究二则》(《神户外大论丛》43—2，1992)等。另外，先后由岩田礼、平田昌司和远藤光晓分别主持的三项有关汉语方言的共同研究中，方言地理学的研究是一项很重要的内容，每次都发表了一册《汉语方言地图集》，作者们都努力对资料作理论的解释，加深了对汉语某些语言特征的地理分布和历史变迁的了解。(参见 Iwata, R.（岩田礼）1995：Linguistic Geography of Chinese Dialects, *CLAO*(Cahiers de Linguistique Asie Orientale) 24.2.；石汝杰 1996：《汉语方言研究的新天地——评平田昌司主编〈中国の方言と地域文化〉》, *CLAO* 25.2.)苏联（今俄罗斯）的扎维雅洛娃（O. Завьялова）在论文"官话区内部的地理分界"（英文，日本 *CAAAL* 21号，1983)和《中国的方言和普通话》一书（和 E. Астрахан 等合著，Наука，1985，莫斯科)中，也采用了方言地理学的研究方法。

应该说，贺登崧这部书的出版给中国学者提示了汉语方言研究的一个"新的"方向。虽然为时甚晚了，但是，方言地理学的理论并没有过时。正如岩田礼在日文版的前言、后记中说的，今后汉语方言的研究不可避免地会面对方言地理学的课题，前景还是很可乐观的。

对于中国的汉语方言研究者来说，如何把方言地理学的理论运用于现代汉语方言的研究是一项迫切的任务。重要的问题是如何把传统的研究方法和这一理论结合起来。比较合适的方法是既要充分利用汉语悠久的历史中保存下来的文献资料，尤其在音韵方面，可利用《广韵》系统来整理方言音系，这样做简便快捷；同时又要十分重视活在民众口中的语言。董同龢《华阳凉水井客家话记音》前言(83 页)中转达的赵元任的话也赞同这一点：

> 去年九月间本篇初稿将成之时，赵元任先生从美国来信，有云：
> "*Momumenta Serica* 上有一篇 W. A. Grostears（sic！）写的文章，谈
> 近年中国语言研究。他批评咱们的工作像Neo-grammarians，就是
> 说太以 Phonetic Law 为主。我觉得他批评得对。不过我们的理由
> 是，如以 Phonetic Law 为主，用极少时间可以得一大批的初步知识。"
> 我看过之后就想：我们已表现的工作固然像 Neo-grammarians，但是
> 我们实在也没有忘记 Phonetic Law 以外的事。本篇虽然还是一
> 个不完全的研究报告，他的作法也可以作个事实的表现吧。

问题是如何在实践中把这两个方面有机地结合起来，处理得更好
一些，目的当然是要深入调查研究活的方言，以促进对整个汉语的更
精深的研究。我希望本书的出版能起到这样的作用，能推动汉语方言
研究更深入地发展。

本书中文版的翻译工作，是由我和岩田礼先生共同完成的。先由
我根据日文本翻译成中文，翻译时参考了作者用英文和法文写作的原
文。然后，由岩田审核校正，同时纠正了原著及日文本中的一些小差
错。原著写作于 20 世纪四五十年代，所以有些行政区划的名称还是
旧的。我们在相应的地方作了说明，正文中则不擅作改动。经过两年
多的工作，除了面谈外，还通过因特网反复交换文本，这样大概能减少
差错，达到我们预期的目标了。当然，如果有什么问题和错误，主要应
当由我来负责。

我们荣幸地获得了柴田武教授的赠序，这为本书增色不少。柴田
教授是日本著名的方言学家，也是贺登崧教授多年的老友，由他来写
序是再合适不过了。日文版出版者东京"好文出版"社长尾方敏裕先
生同意无偿转让中文版的出版权，上海教育出版社慨允出版，以使这
本著作得以早日与中国学界见面。对这些，我们都要表示衷心的感
谢。遗憾的是，作者贺登崧先生生前没能看到中文版的出版。现在终
于能实现他的夙愿了，愿他的在天之灵安息。

参考文献

木津祐子.书评《中国の方言地理学のために［M］//平田昌司.中国の方言と地域文化.京都：京都大学,1996.

石汝杰.汉语方言地理学的优良教科书——评介贺登崧《论中国方言地理学》［J］//国外语言学.1997(1).

修 订 版 后 记

　　本书在 2003 年出版后,中国的汉语方言研究出现了很大的转变,在多方面取得了更为令人瞩目的成就。语言地理学的学说也开始进入了汉语方言研究的领域,有了初步的成绩。当然,要深入地理解这一理论并进一步用于实践,还有很多问题。现在有出版修订本的计划,是令人欢欣鼓舞的好事情。希望今后能有更多更好的研究成果。此次修订,主要是订正一些文字上的讹误,并增加了日本学者有关汉语方言地理学的论著目录。这里借用我 2010 年 11 月在首届中国地理语言学国际学术研讨会上的发言,作为新版后记。

语言地理学前途无量

——首届中国地理语言学国际学术研讨会总结发言*

石汝杰

　　谢谢大会给我这样一个重任。对于这样一个内容丰富的会议，我没有能力做全面的总结，只能谈谈自己的感想。

　　首先我要说，这是一个汉语语言地理学的集大成的会议，在这里聚集了中国和世界各国运用语言地理学的理论和方法认真研究汉语方言的学者。出席者有前辈学者，有在这一领域有代表性的学者，还有很多年轻学者，是值得庆贺，值得纪念的。首先要感谢大会的组织者和工作者，尤其是其领袖人物——曹志耘教授。

　　贺登崧《汉语方言地理学》中文版的出版，是在 2003 年。当时，我很担心，觉得现在出版这样的著作未必能引起多少反应，很可能就会无声无息地湮没在浩瀚的书海里了。很高兴，事实证明我错了。这 7 年多的时间里，中国大陆的汉语方言学界发生了巨大的变化。作为显著的标志，就是曹志耘主编的大项目、以方言特征为中心编纂的《汉语方言地图集》。

　　本次会上发表了很多论文，大家以理论探讨和实际调查的成果充分证明了语言地理学的活力和魅力。如曹志耘教授深入地讨论了地理分布的类型问题；游汝杰教授把地理等自然条件和方言边界联系起来讨论；侯精一教授以代词"他"为例，精彩地解释了方言类型的地理分布，等等。虽然各家有不同的见解，甚至有分歧，但是一个显著的倾向是，大家都努力地把语言地理学作为中心来讨论，来进行研究。

---

　　* 本文是以在会议上的发言为基础加以修改、补充而成的。

在 20 世纪初年产生的语言地理学是对新语法学派的一种反动，也可以说是某种补充和修正。显然，这已经是一门相当古老的学问了。在当代中国的汉语学界，语言地理学能得到承认、得到较广泛的运用，可以说是一种"复兴"，这在某种程度上也迎合了在研究理论和方法上求新的大潮流。

作为一门成熟的学问，语言地理学有一套理论体系和具体的研究方法。在很多国家，如日本，这一学问已相当成熟，差不多"过时"了。但是，在汉语方言的研究中，却还是新开垦的田野。作为教材和参考书，除了贺登崧的《汉语方言地理学》以外，还能举出：(1) 岩田礼主编的《汉语方言解释地图》(日本白帝社，2009)，其前言对语言地理学做了相当详细的介绍及探讨，并与汉语的实际紧密联系，书中对方言分布的解释提供了很好的样本；(2) 洪惟仁等学者对台湾方言的调查及理论总结也值得重视，本次会议上就有几篇翔实、精细的研究报告；(3) 史皓元等人关于江淮官话与吴语边界的研究，也是一个可供参考的样板，其中一个做法是把语言特征的分布和行政区划边界线的历史结合起来。这些研究的共同点是，对语言现象的地理分布，一方面用地图来表示，反映了作者的判断，另外一方面作出合理的解释，能看出研究者如何使用各种理论和概念进行分析。

这样的研究，一定要和汉语的实况结合起来。张勇生说日本地理语言学的"缺点"是没有以语音为重点。其实根本的问题在于日语是一个跟汉语不同系统的语言，所以能以词语为中心来进行研究，而汉语则不得不考虑声母、韵母等语音构造方面的问题。

语言地理学的世界是广阔的，汉语方言研究的天地更是无限宽广的。会议上的许多论文也证实了这一点。大家从语音、词汇、语法和社会历史的角度出发，结合语言地理学的理论和方法进行研究，真是五彩纷呈。正是汉语丰富多彩的现实为语言地理学提供了广阔的实践空间和极好的机会。

会上，多位学者回顾了我国的研究历史，20 世纪以来，有很多方言研究的著作附有地图，而且大多是特征图(见项梦冰等，2005)。另外一个重要的成果是中国社会科学院语言研究所等编纂的《中国语言地图集》(1987)，其方针不同，是以方言分区为目标的。近一些年来，涌现了较多的以语言地理学理论和方法进行研究的博士论文(从会议论文集所附录的目录也能看到了这一点),本次会议上也有多位年轻朋友报告了研究成果。这些都是值得庆贺的成果。

远藤光晓教授介绍的各国的大量研究成果让我们大开眼界,大西教授介绍的日本的研究,是全面而丰硕的。在台湾省,有洪惟仁教授等诸位所做的详细研究和理论探讨。相比之下,中国大陆的研究还只是刚起步,虽然必须说《汉语方言地图集》是一项丰功伟绩,但今后的路还很长。对于中国的学者来说,我们可以在较高的起点出发,因为可以借鉴的经验比较多了。

我觉得,今后,除了大面积、大范围的研究,更需要大量的区域地图,因为只有把各区域的地图综合起来,汉语的全貌及历史过程才能看清楚。比较好的选择是,各地的研究者以自己熟悉的小区域为基础,然后逐步扩大范围。目前,这样的研究还不多,一个好例子是甘于恩主编的《广东粤方言地图集》,有400多幅地图,已经完成,但遗憾的是限于经费,还没有出版。

我想强调的另一点是,运用语言地理学的理论和方法进行研究,绝不是否定传统的研究方法,否定基础的语言调查和资料搜集,更不是否定前人和先辈的研究成果。因为只有把前辈的传统和成就作为基础,加上自己的努力,才能有更多更好的成绩。

我曾经说过:"对于中国的汉语方言研究者来说,如何把方言地理学的理论运用于现代汉语方言的研究是一项迫切的任务。重要的问题是如何把传统的研究方法和这一理论结合起来。比较合适的方法是既要充分利用汉语悠久的历史中保存下来的文献资料,尤其在音韵方面,可利用《广韵》系统来整理方言音系,这样做简便快捷;同时又要十分重视活在民众口中的语言。董同龢《华阳凉水井客家话记音》前言(83页)中转达的赵元任的话也赞同这一点:'他批评咱们的工作像Neo-grammarians,就是说太以 Phonetic Law 为主。我觉得他批评得对。不过我们的理由是,如以 Phonetic Law 为主,用极少时间可以得一大批的初步知识。'所以,问题是如何在实践中把这两个方面有机地结合起来,处理得更好一些,目的当然是要深入调查研究活的方言,以促进对整个汉语的更精深的研究。"(摘自贺登崧《汉语方言地理学》中

文版后记)

语言地理学是值得学习的,但并不是万能的。我们不能期待光靠某一种理论和方法能解决所有的问题,灵活地综合运用各种理论和方法,是比较明智的做法。

此外,计算机技术的发达(如 GIS 等)也给我们提供了更多的选择,就像潘悟云、刘祥柏两位先生在会上展示的很好用的软件,是值得认真学习和使用的。

日本方言研究史上有"方言周圈论"与"方言区划论"之争,类似的争论在中国也许会重演。但是,有争论才能有前进,我们期待着更新的进展。

研究者是有感情的人,感情对于研究也是非常重要的。我们一定要把方言研究和说方言的人民群众联系起来。贺登崧神父在谈到他的研究时说:

> 这本书里提到的西册田在山西省东北部的桑干河畔,我在那里居住的时期(1941—1943)正是在战争中。周围的农民,几乎都没有受过教育,因为那时并没有学校,但是他们都有很深厚的教养。由此,我明白了教育和教养是两回事儿。
>
> 我把这本书献给我始终怀念着的这些晋北的农民,我对他们怀着深深的敬意,并感谢他们的帮助。正是这些人,构成了东亚文化的深厚基础。(贺登崧《汉语方言地理学》中译本初版封底)

贺登崧先生把语言地理学的理论和方法引进汉语方言研究的领域,并用自己的实践来证明其魅力。我们对这位先驱者也怀着深深的敬意,并以新的研究成绩来纪念他。

张振兴先生的大会报告深刻阐述了一个命题:"中国的地理语言学要走中国自己的路",说得非常好。希望我们共同努力。

谢谢大家。

参考文献

贺登崧.汉语方言地理学[M].石汝杰,岩田礼,译.上海:上海教育出版社,2003.

 项梦冰,曹晖.汉语方言地理学—入门与实践[M].北京:中国文史出版社,2005.

 岩田礼.汉语方言解释地图[M].东京:白帝社,2009.

（原发表于《语言教学与研究》2011 年第 1 期）

 附记：2003 年,本书中译本出版后,还出现了一些著作,以贺登崧 40 年代的研究为出发点,作出更深入、更详细的探究,这是值得重视、值得庆贺的。其中已经正式出版的有：郭风岚《宣化方言及其时空变异研究》(语文出版社,2007)、武玉芳《山西大同县东南部方言及其变异研究》(中国社会科学出版社,2010)。

贺登崧《汉语方言地理学》
事项和专名音序索引

蝴蝶　20,89,96,97,99

J

基础地图　7—10,23,25,32

寄生元音　66

家谱　6,39,47,50

间接询问法　13

间接证据　112

交通路线　19,38,40,61

矫枉过正　57—59,82,134

介音[y]　73,74,77,79,81—83,85

借用　59,61,85,100,103,108,143

金石　6,35

晋东北方言　89

经济结构　68

经幢　35,59

居民史　6,7

K

蝌蚪　20,31,89,92,93,95,96,111,136

L

类似性　65

类推　76

历时　56,70

历史的调查　23

林语堂　2

刘复　2,11,14,122

龙门桥　40,42

吕叔湘　66,92,96

罗曼语　2,7,8,12,81,106

M

蚂蚁　20,31,76,85,89,92,94—96,107,134

蚂蚱　20,21,31,89,108,113,114

梅耶(E. A. Meyer)　120

庙宇　7,35,49,50,115,127—129

民间信仰　114,115

民间语源　74,85

民俗　2,12,34,48,49,87,88,115,126—128,137,138

民俗调查　115

铭文　35,47,51

墓碑　6,36,44,47,50,126

墓志铭　35,39,47

N

拟人化　108,111

女性发音人　12

P

排除式　31,89,91

贫富差别　43

平衡状态　26,57

普济桥　40,42

普通调查表　13

110—114

喜鹊 20,89,93,95,96,111

下位界线 34

心理惯性 76

新旧层次 5

信息磨损 108

行政史 5,7

形态 3,5,11,33,53,55,56,114

Y

言语(parole) 14

言语活动 76

移民 5,7,47—50,52,59,86,105

异化 74

音变 66,73—75,123,136

音韵范畴 81,83,106

音韵规则 107

音韵空位 106

印象记音法 14

语素 26,60,61,67,74,75,79,99,107,124,125

语言边界线 7,33,68

语言变化 6,53,75,76,84,103

语言变化的地域性形态 53

语言的集合体 56

语言的历史 56

语言地图 1,5,8,23,60,66,85,132,137,140,145

语言地质学 86

语言调查 5,23,52,146

语言调查表 13,25

语言感觉 70

语言混乱 77

语言界线 34,65

语言特征 1,21,31,53—56,67,77,79,84,115,139,140,145

语言习惯 55

语言意识 13,33,70,79,82,96

语言状态 75

语义学 68

语音 1—3,10,14,32,33,56,57,59,60,63,65,66,68,69,74,80—82,85,89,96,101,107,119,120,122,127,131,134,135,139,145

语音边界线 57,59

语音变化 59,63,68,73,100,134

语音成分 71,73

语音词源 75

语音的差异 68,71

语音的异化(dissimilation) 74

语音规则 68,77

语音混合形式 74

语音上的损耗 83,84

语音形式 63,82,112

语音因素 74

（索引编制：周梅、曹晓燕）

La Géographie Linguistique
en Chine
by
W. A. Grootaers

图书在版编目(CIP)数据

汉语方言地理学/(比)贺登崧著;石汝杰,岩田
礼译.—上海:上海教育出版社,2018.9(2023.3重印)
(语言学经典文丛)
ISBN 978-7-5444-8453-4

Ⅰ.①汉… Ⅱ.①贺…②石…③岩… Ⅲ.①汉语方
言-地理语言学-研究 Ⅳ.①H17

中国版本图书馆 CIP 数据核字(2018)第 196227 号

责任编辑 廖宏艳
特约编辑 徐川山
封面设计 陆 弦

汉语方言地理学
[比利时] 贺登崧 著 石汝杰 岩田礼 译

出版发行 上海教育出版社有限公司
官 网 www.seph.com.cn
地 址 上海市闵行区号景路159弄C座
邮 编 201101
印 刷 上海展强印刷有限公司
开 本 965×635 1/16 印张 11.5 插页 9
字 数 165 千字
版 次 2018 年 10 月第 1 版
印 次 2023 年 3 月第 2 次印刷
书 号 ISBN 978-7-5444-8453-4/H•0289
定 价 61.00 元
审图号 GS(2012)58 号

如发现质量问题,读者可向本社调换 电话:021-64373213